本书获"北京市高校西葡语专业群建设"项目资助。

1994—2014 年墨西哥
财政政策选择与效应

Mexico's Fiscal Policy Choices and Effects in 1994-2014

朱晓金 著

中国社会科学出版社

图书在版编目（CIP）数据

1994—2014 年墨西哥财政政策选择与效应/朱晓金著.
—北京：中国社会科学出版社，2020.6
ISBN 978 – 7 – 5203 – 6885 – 8

Ⅰ. ①1… Ⅱ. ①朱… Ⅲ. ①财政政策—研究—墨西
哥—1994 – 2014 Ⅳ. ①F817. 310

中国版本图书馆 CIP 数据核字（2020）第 132164 号

出 版 人	赵剑英
责任编辑	刘晓红
责任校对	周晓东
责任印制	戴 宽

出　　版	中国社会科学出版社
社　　址	北京鼓楼西大街甲 158 号
邮　　编	100720
网　　址	http：//www. csspw. cn
发 行 部	010 – 84083685
门 市 部	010 – 84029450
经　　销	新华书店及其他书店

印刷装订	北京君升印刷有限公司
版　　次	2020 年 6 月第 1 版
印　　次	2020 年 6 月第 1 次印刷

开　　本	710×1000　1/16
印　　张	9. 5
插　　页	2
字　　数	147 千字
定　　价	56. 00 元

凡购买中国社会科学出版社图书，如有质量问题请与本社营销中心联系调换
电话：010 – 84083683

摘　要

　　现代财政理论认为"财政政策"是包含财政目标、工具与效果"三位一体"的有机系统，在现代市场经济及开放环境中，一国财政政策成为宏观经济调节的主要手段之一，并因其作用机制特性在经济稳定与增长、结构调整、改善收入分配等方面发挥着重要作用。

　　2008—2009 年国际金融危机以及 2012 年世界经济的"二次探底"以来，发达国家深陷财政赤字泥潭，新兴经济国家也在退出财政刺激后赤字率与负债率显著上升，财政脆弱性明显加大。墨西哥作为世界第十五大、拉美第二大经济体以及北美自由贸易区、经合组织、二十国集团及太平洋联盟等多个国际地区多边组织成员国，继 2008 年 GDP 增长率大幅度下跌 0.6%、创拉美地区经济恶化程度之最，2010 年又率先因巨大的财政缺口被迫退出逆周期的财政刺激计划，近年受内外因素冲击，宏观经济步步走低、财政可持续性风险问题日益凸显。2014 年涅托政府推出争议已久的财政改革及能源改革计划试图破解"不充分的增长"难题，然而实际政策措施效果不佳。本书由此出发，旨在通过对墨西哥财政改革和发展，特别是 20 世纪 80 年代债务危机以后历史的纵向梳理以及 20 余年来墨西哥实际财政质量的横向指标和效应分析，深入了解其历史改革模式转换动因与当下改革的潜力、难点所在。

　　本书首先综述了西方经济学理论与当前主流政策分析框架，归纳出了理解财政政策模式的三组重要概念：国家与市场、效率与公平、需求与供给；以及评估财政政策效应的三大视角：经济稳定、经济增长及改善收入分配。其次梳理了拉美国家财政理论与政策发展历史，特别总结了 20 世纪 80 年代墨西哥转变经济发展模式以来的财政政策特点。第三章通过对 1994—2012 年墨西哥财政政策工具四大指标（财政收入、支出、财政平衡与公共债务）的量化分析，总结其财政模式改革中的逻辑与目标转变，存在的制约因素。最后通过 1994—2014 年墨西哥财政政策的三大效应分析，进一步分析财政政策制定中不同目标的实际绩效与协同特点。

通过分析，本书得出如下结论：

第一，墨西哥从 20 世纪 80 年代债务危机至 1994 年完成彻底的新自由主义改革并爆发金融危机以后，为实现经济稳定付出了高昂的财政及社会成本。

第二，1994—2014 年墨西哥实际财政政策选择体现出鲜明的新古典主义财政框架特点，但"二代改革"推动结构主义财政观复苏发展，墨西哥政府开始着眼于加强国家干预的长期财政调整，但受"石油依赖"、加入 NAFTA 后经济外部性上升以及国内政治双重因素影响，财政改革推进一再延误。

第三，墨西哥实际税收收入与财政支出表现出长期稳定的"低水平"，尽管总体财政基本保持平衡、债务风险稳定，但税收与支出总量和结构、税率在维护经济稳定、促进增长（短期与长期）与改善收入分配方面的实际效果和协同性上均表现不佳。

第四，当前，墨西哥迫切需要推进更有效率的财政改革，推动经济结构变革，促进生产效率提升，加强财政治理以应对中长期世界经济不确定性上升的挑战。

第五，经济具有高市场化、高开放度特点的墨西哥案例对新兴经济体及中国的财政改革有所启示，即在当代开放经济中，一国公共财政治理能力事关经济与社会发展的全局，政府应在其中发挥更为积极而非唯一的作用，而科学的财政工具运用是其提升财政治理能力的重要途径。

关键词：墨西哥；财政政策；经济稳定；经济增长；收入分配

Abstract

Modern fiscal theory holds that "fiscal policy" is a "trinitarian" organic system involving financial targets, tools and effects. In modern market economy and opening environment, fiscal policy becomes one of the major means for macro – economic adjustment of one country, and for its effect mechanism and characteristics, it plays an important role in the economic stability and growth, structural adjustment and improvement of income distribution. Since the global financial crisis during 2008 – 2009 and "double – dip" of world e-conomy in 2012, developed countries have run deep deficit, and in emerging economies, the deficit ratio and debt ratio have increased significantly after exiting from fiscal stimulus, and their fiscal vulnerability is also raised dra-matically. As the 15th economy in the world and the 2nd one in Latin America, and the member state of several multilateral international organizations inclu-ding NAFTA, OECD, Group of Twenty and Pacific Alliance as well, Mexico's macro – economy has declined step by step in recent years and its continuous financial risk issues have been increasingly emerging, after its GDP growth rate sharply dropped by 0. 6% in 2008, becoming the worst economy in eco-nomic deterioration among Latin America, followed by firstly withdrawing from the countercyclical fiscal stimulus plan because of huge fiscal gap in 2010. In 2014, Nieto government introduced the fiscal reform and energy reform plan which has a controversial question for a long time, attempting to solve the puzzle of "inadequate growth", and however, the effect of practical policy measures give a poor performance. On this basis, the article is aimed at the insight of conversion motivation of its historical reform pattern and potential and difficulties of the current reform.

Firstly, the article summarizes western economics theory and analytical framework of the current mainstream policy, and generalizes three groups of important concepts for understanding the fiscal policy mode: state and market, efficiency and equity, and demand and supply; and evaluates three perspectives of the fiscal policy effect: economic stability, economic growth and improvement of income distribution. Secondly, it makes clear the fiscal theory of Latin America and the history of policy development, especially summarizes the characteristics of fiscal policy since Mexico transformed its economic development mode in 1980s. In the third chapter, by the quantitative analysis on four indicators (fiscal revenue, expenditures, fiscal balance and public debt) of Mexican fiscal policy tool during 1994 – 2012, we summarizes the transformation of logic and target, and existing constraints during the reform of fiscal mode. Finally, by the analysis on three effects of Mexican fiscal policy during 1994 – 2014, we further analyzes the characteristics of actual performance and synergy of different targets during the formulation of fiscal policy.

Through analysis, the article draws the following conclusions:

Firstly, from the debt crisis of 1980s through to thorough completion of neoliberal reform and outbreak of financial crisis in 1994, Mexico paid out excessively high fiscal and social costs for realizing economic stability.

Secondly, during 1994 – 2014, Mexico's practical selection of fiscal policy embodied distinct characteristics of neoclassical fiscal framework, and however, the "Reform of the Second Generation" promoted the revival and development of structuralism fiscal outlook, and Mexico started to strengthen the long – term fiscal adjustment of state intervention, but due to the influence of "oil dependence", rising of economic externality after joining NAFTA and domestic politics, the boost of fiscal reform was postponed again and again.

Thirdly, Mexico's actual tax revenue and fiscal expenditure show up a secular stable "low level", although the overall fiscal condition keeps equilibrium and debt risk stable, the actual effect and synergy of the structure and overall revenue and expenditure and the tax rate give a poor performance in maintaining economic stability, promoting growth (in a short and long term) and improving income distribution.

Fourthly, at present, Mexico cries out for propulsion of more efficient fiscal reform, so as to promote the reform of economic structure, accelerate the promotion of production efficiency and strengthen the fiscal governance, to cope with the challenge of the rising of mid-and-long term uncertainty of world economy.

Fifthly, the Mexican case with highly market – oriented and highly open economy has some implications for the fiscal reform of emerging economies and China, that is, in the contemporary open economy, a country's public fiscal governance ability is related to the overall situation of its economic and social development, in which the government should play a more active rather than the only role, and the use of scientific fiscal instruments is an important approach to enhance its fiscal governance ability.

Key Words: Mexico; fiscal policy; economic stability; economic growth; income distribution

目　　录

绪　　论

一　选题背景和意义

（一）选题背景

受 2008—2009 年国际金融危机以及 2012 年世界经济的"二次探底"影响，发达国家深陷财政赤字泥潭，宏观经济稳定与财政风险问题重回人们的视野。2014 年发达经济体平均财政赤字率下降至 GDP 的 3.5%[①]左右，比国际金融危机时的最高水平减半，总体风险自 2013 年以来有所降低但仍然偏高[②]，而新兴市场经济体在危机初期虽然因良好的财政空间缓冲度过危机，但目前财政赤字率和负债率比危机前高出许多，财政脆弱性上升。危机爆发之后，拉美地区因对外贸易条件不断恶化财政收入下降，其反周期的财政政策可否持续，如何退出，退出后如何稳定增长备受瞩目。2013 年拉美区域前两大经济体巴西与墨西哥在危机的冲击下，多数宏观经济指标表现与大部分拉美国家逆向而行，成为国际经济传导中该区域波动最大的国家和地区经济增长最大的拖累因素。2014 年呈现出了较强的宏观经济外部脆弱性，内部经济结构矛盾进一步凸显，财政形势充满挑战。[③]

回顾危机爆发前后，墨西哥作为石油出口国，受原油价格大跌影响，于 2008 年第四季度出现负增长，2009 年 GDP 增长率大幅衰退跌至

---

① IMF, *World Economic Outlook*, Washington D. C., October 2012, p. 196.

② 拉丁美洲开发银行（CAF）2012 经济发展报告：《面向发展的公共财政——加强收入与支出之间的联系》，2013 年，第 19 页。

③ CEPAL, *Estudios Económicos de América Latina y el Caribe* 2013, Santiago de Chile.

−6.0%，在拉美各国中情况最为糟糕。2009 年 7 月卡尔德龙政府在财政收入已经出现巨大缺口的情况下，不得不放弃减支增收的财政计划，推出 44 亿美元紧急开支的反周期性财政措施刺激增长，使墨西哥 2010 年重回增长轨道，但在其后至今增速却步步走低。2013 年年初涅托新政府为稳定增长，开出了零赤字的承诺，着手平衡财政，但全年受出口骤减及内需增长乏力影响，GDP 增长率仅为 1.1%，新政府最终突破年初承诺，财政赤字占 GDP 之比达 2.4%，同时公共债务规模进一步扩大，占 GDP 比重攀升至 37.7%，财政形势下降。

把考察时间段进一步拉长来看，在 1994 年至 2014 年二十年时间里，墨西哥历经三次经济衰退，其中 1994 年金融危机和 2001 年受美国影响出现的"稳定中的萎缩"，政府经由财政调整和改革都较快地恢复并实现了增长，但本次危机之后墨西哥并未能再次走向相对稳定的增长态势：2013 年墨西哥政府财政赤字占 GDP 的比重从 2001 年的 0.7% 逐渐攀升至 2.4%；财政收入占 GDP 的比重仅为 23.6%，税负水平继续低于拉美地区平均水平，较 20 世纪 90 年代甚至还有倒退，其中来自石油工业的收入占比呈现出波动性；公共债务规模较 2000 年的 15.8% 相比也高出一倍之多；此外来自联合国拉美经委会（CEPAL）的研究证明，墨西哥税收体系的脆弱程度在拉美地区排名第三，这也直接导致了政府收入的减少；经济合作与发展组织的研究证明，尽管 2000 年以来拉美国家进入改善收入分配的历史时期，但是墨西哥的税收政策作为反对不平等的工具实际上却完全无效。2011 年，该组织进一步指出尽管墨西哥的宏观经济和货币相对稳定，但对于墨西哥来说，在其石油出口下滑以前完成经济政策，特别是财政制度的改革至关重要，国内各党派应把国家利益放在首位，共同推动一个长期的，更加完善的财政制度。

可见，从 20 世纪 80 年代的债务危机，90 年代金融危机至今，墨西哥公共财政状况与宏观经济一同经历了长期的跌宕起伏，尽管历届政府都进行了侧重点不同的财政改革，力图实现财政稳定和经济增长，但是受外部经济总体环境冲击以及内部结构矛盾的影响，经由财政稳定而至经济增长之路仍然充满挑战。本书在这样的背景下，将目前墨西哥的财政困境放在更大的时间范围内，以 1994 年作为重要的时间起点，来分析近 20 年来墨西哥由财政稳定至经济增长的财政之路的演进、特点、效果和困难。在兼顾财政措施宏观经济背景的基础上，深入理解墨西哥财政政策选择的理论及实践演进逻辑，分析财政改革的导向和成效，并作出适当的评价和展望。以 1994 年作为时间起点的理由如下：

（1）作为 20 世纪 80 年代拉美新自由改革的样板国家，债务危机之后，墨西哥历经德拉马德里政府（1982—1988 年）与萨利纳斯政府（1988—1994 年）两届政府的自由化改革，至 1994 年基本完成了由"进口替代"到"新自由主义"发展模式的转型。

（2）1994 年墨西哥加入北美自由贸易区，成为世界上第一个开创南北经济合作的国家，同所有新兴国家相比，无论开放速度还是程度，墨西哥都继续走在经济自由化发展的最前列。

（3）墨西哥完成由 1982 年倒账至 1994 年的新自由主义"财政重建"。

（4）金融市场开放以及贸易失衡带来的银行流动性危机导致 1994 年银行危机爆发，这既被视作新自由主义改革负面影响的集中爆发，也促使墨西哥从 1997 年开始转向更具独立性和务实性发展道路的探索。可以说，墨西哥从此摆脱了自 20 世纪 30 年代以来的负债发展之路，借由新自由主义的休克疗法，打开了一条通往独立务实发展的可能的道路。

（二）理论意义

任何经济政策的选择都离不开经济理论的发展和演进，可以说财政政策诞生于凯恩斯主义，凯恩斯革命之后，财政政策在学界的研究迅速上升，成为凯恩斯主义最重要的研究领域之一。20 世纪西方主流财政理论的发展与演进，从凯恩斯主义、新古典综合学派，到货币学派与供应学派理论，又无一不倚赖于 20 世纪欧美的财政实践，或者说是在其经济发展现实与特点的基础上所进行的探索与思考。无论是 1929—1933 年"大萧条"还是 70 年代的"滞胀"都客观上推动了西方经济与财政理论不同流派的发展、融合和完善。目前，西方主流财政理论日益专业化、宏观化。20 世纪后三十年，已经形成了对政府支出以及税收等问题的集中关注。当前，对最优财政政策问题、最优税收问题，以及财政分权与经济增长等问题的探讨在西方财政政策理论研究中都形成了相对成熟的看法。

新兴市场国家财政政策在当前显然也面临着同样问题的挑战。但值得注意的是，在具体的经济结构与财政调整难点上，新兴市场国家却与发达国家有所不同，新兴市场国家因为历史背景不同，发展水平也有差别，财政政策运用的困难要大得多，可以说关于新兴市场国家的财政政策理论还在探索和建立之中，也有待加深认识。

以拉美为例，20 世纪拉美国家经济走过了一条与西方以及东亚国家都迥然不同的发展道路。其中墨西哥从 60 年代起进口替代工业化模式发展动力衰竭，70 年代因为特殊的历史与政治背景，历经民众主义基础之上以石油工业为依托的发展主义，1982 年债务危机爆发后进行新自由主义经济改革，完成了国家经济发展模式的转型。自 90 年代以来，墨西哥成为开放的自由经济市场，并逐渐形成了经济的石油依赖与外资依赖两大特点，并遭遇了"新兴市场时代"的第一场金融危机。

20 世纪 90 年代至今，墨西哥"后危机时代"的经济与财政政策非常具有代表性，每一阶段都有鲜明的理论主张作为指导，也有具体的行动目标，逐步摆脱了债务困扰，实现了从财政混乱到财政稳定，从财政顺周期到财政反周期的转变。在这个过程中，墨西哥既具有拉美区域性总体特点，也与区域内其他国家有所区别，因此我们考察 1994—2014 年这一时期的墨西哥财政政策选择与效应，将极大地丰富对墨西哥等新兴市场国家财政政策实践的了解，并在此基础上对西方财政理论，特别是新自由主义在新兴市场国家的适用性，新兴市场国家对自身财政理论探索提供参考补充。

（三）现实意义

2013 年，在国际金融危机冲击下，"金砖国家"增速回落，原高盛首席经济学家吉姆·奥尼尔提出了"薄荷四国"的概念，其中墨西哥、印度尼西亚、尼日利亚和土耳其成为新一批新兴市场中的重点关注与研究对象，它们都具备人口结构和增长潜力优势。然而后金融危机时代，新兴市场国家目前普遍面临高通货膨胀和双赤字导致的国内财政政策空间进一步收窄的问题，如果国际经济总体态势持续增长乏力，则新兴国家财政政策的可持续性将受到威胁，以推动结构性调整与长期增长为着眼点的财政改革势在必行。2011 年经合组织认为，尽管墨西哥的宏观经济和货币相对稳定，但缺乏竞争力、生产力，收入分配、财政稳定、教育与创新等方面亟待加强，墨西哥现急需财政改革以推动国家经济增长、投资和就业等。通过本书的研究，我们可以深入了解墨西哥财政状况及改革近 20 年的演进，以便对其历史改革模式与总体财政质量和潜力作出评估，探讨新兴国家财政改革的难点所在，并对当前的改革及未来趋势作出基本判断。

此外，相较于发达国家而言，对于开放度较高的新兴市场更容易受到全球经济周期和资本流动的影响。对墨西哥财政问题展开研究还可以为转型期的新兴市场国家财政政策选择的研究提供横向对比，既有新兴市场国家财政政策选择成功的经验，也有失败的教训。墨西哥的实践可以为中国提供一个可借鉴的比较视角，中国始于 1978 年的社会主义市场经济改革与墨西哥的新自由主义改革同步进行，三十年来所走过的改革之路不尽相同。其中中国财政改革是中国经济体制改革的重要组成部分，自 1978 年开始通过稳步推进政府与市场之间"让利—放权—分权—非对称性分权"的渐进性改革逻辑，历经 1994 年分税制改革到 1999 年公共财政建构基本建成了与市场经济相适应的财政政策框架。1998 年亚洲金融危机和 2008 年国际金融危机冲击中，我国所采取的财政政策措施一共有两轮：在 1998 年实行的是积极财政政策，之后稳健财政政策逐渐取代了积极财政政策，保证了财政改革的顺利进行；在 2008 年实行的积极财政政策对于我国经济的影响是，使我国在金融危机背景下保持了较高的经济增长速度，但 2009 年以后我国因为"双松"政策导向，面临了通货膨胀和经济增速放缓的双重困境。当前中国财政迈入了"稳增长，调结构"进一步深化市场改革期，对墨西哥财政选择与效应进行梳理和分析，必然会对中国深化市场改革的财政选择提供经验教训借鉴和启示。

二　国内外相关研究现状

目前，国内专门对"1994—2014 年墨西哥财政政策"展开分析和研究的文献比较少，对西方公共经济学和公共财政理论形成了较为系统的研究，对美日等发达国家的财政政策也有相对及时的跟踪，但拉美相关主题的研究成果多数集中于对 20 世纪 80 年代债务危机，90 年代金融危机的财政与货币政策分析；1994 年墨西哥完成转型后至今，在经济结构调整和总体发展态势上又有新的变化，这方面缺乏连续性的跟踪和评估。

国外方面，拉美国家、美国和国际组织研究机构西班牙语和英语相关文献则相对更加丰富，但对其财政实践的研究同样主要集中于特定时段、局部性财政政策运用的分析，缺乏系统性、连续性，对其背后桎梏因素几无涉及。

总体而言，国内外已有相关研究观点主要包括：

第一，财政政策模式方面。陈兴才（1994）认为，墨西哥通过私有化措施从 1982 年债务危机爆发至 1992 年实现"财政重建"，但实际财政质量和经济指标没有任何改善；Augusto（2015）认为，在 1994 年塞迪略时期（1994—2000 年）墨西哥采取补偿性财政模式，它与全面金融改革配合产生了良好的经济和政治稳定效应，但可持续性明显不足；José Antonio Ocampo（2009）认为，墨西哥 2003—2008 年黄金增长期的财政政策没有体现反周期性，财政收入增长的同时支出同步增长，应对金融危机主要依赖的是财政收益的好转，而非财政政策的好转等。

第二，税收、支出、公共债务等公共财政政策工具使用方面。Emilio Caballero Urdiales（2012）认为，20 世纪 90 年代墨西哥财政政策延续了 80 年代以来世界范围内主张平衡预算和削减国家在经济中作用的趋势，税收体系薄弱；OECD（2010）报告指出，其所得税税收收入占 GDP 比重远低于成员国平均水平，巴西和智利，总税收收入水平也远低于拉美平均值；吴国平（2010）认为，墨西哥财政支出结构不合理的特点同样鲜明。

第三，财政政策宏观效应，即经济稳定、增长或改善收入分配的单项效应评估方面。孙洪波（2006）认为，墨西哥在 1994 年、2008 年采取的财政政策是其实现宏观经济稳定的主要政策工具，但其所得税税收制度对经济增长的扭曲作用越发凸显；Carlos Tello（2015）认为，墨西哥税收政策中存在的不可协调性是导致墨西哥经济 30 年来增长不足 1%的重要原因；吴国平（2010）认为，墨西哥 90 年代改革下调税率客观上使得其在调节收入分配方面失效；CAF（2012）报告指出，与其他拉美国家一样，墨西哥应注重加强财政收入与支出的联系从而推动建立更具持续性的财政体系。

三　研究方法和研究框架、基本思路

（一）研究方法

本书拟借用当代西方公共经济学与财政学中财政政策与宏观经济稳定、收入分配改善和经济增长这三个效应的分析方法，选取墨西哥案例中有分析价值的局部性文献与数据，进行定量的验证，并结合相应时期的内外部总体经济条件回顾进一步作出定性分析，以期全面解释其财政总体效应，从而对墨西哥的财政选择和财政能力进行更确切的认知和判断。

具体而言，本书的研究遵循经验事实与理论逻辑分析并重的原则，主要采用规范研究与实证研究相结合，以及历史分析法和比较分析法、定性分析与定量分析相结合，定量分析为定性分析服务，试图从一个更加全面的角度深入该阶段墨西哥财政政策选择的理论逻辑、演进特点和政策效应评估中，整体把握其财政政策的发展导向和质量，在此基础上发现其作为新兴市场国家代表在开放经济条件下 20 年来财政政策选择的难点及得失所在，从而提炼出可供参考的一些经验和教训。

（1）规范研究与实证研究相结合。全书始终遵循理论逻辑与经验事实相结合的研究方法，对墨西哥财政选择进行分析和解释。对财政效应的论述和分析也是在全面把握西方财政相关理论、分析工具和本案例局部适用性之后，针对若干时段特定政策进行实证研究，得出结论。

（2）定性和定量分析。逻辑性强是经济学自身就具有的一个特点，除了定性分析还要进行定量分析，定量分析也是为了验证定性分析所得出的结论。本书所做的定性分析主要是在系统对历史资料和数据进行梳理的基础上，对墨西哥财政的理论逻辑、目标转变作出了定性的判断，并对效果展开定性分析的同时引入定量的局部验证，力图增加解释力，完善总体分析框架。

（3）比较分析。本书从理论到效应分析，都将依据需要基于墨西哥与拉美其他国家同时期，以及与其他新兴国家或发达国家的横向比较，通过分析归纳和抽象概括把握墨西哥财政理论、目标、状态和发展效果的历史坐标，在比较的视野中得出有用结论。

（二）基本思路

本书将沿着"西方财政理论与政策效用分析框架—新兴市场财政理论与政策演进（基于 20 世纪拉美和墨西哥视角）—1994—2014 年墨西哥财政状况与财政选择分析—1994—2014 年墨西哥财政选择三大宏观经济效应分析：'稳定'效应分析／'增长效应'分析／'收入分配'分析—当前墨西哥财政政策展望与启示"这一逻辑展开。

研究内容为：

第一章对西方财政理论进行梳理，对财政政策的本质、目标、工具与财政目标实现途径进行梳理；同时总结出西方财政政策效应研究的分析框架：以三大效应为基础的动态分析框架。

第二章基于 20 世纪拉丁美洲和墨西哥的视角，对该新兴市场理论与实践进行梳理，总结出拉美财政理论与政策的总体演进与阶段性状态，1994 年墨西哥金融危机爆发以前财政政策的演进、理论背景与具体财政状态。对 1994—2014 年墨西哥财政状况与财政选择进行静态描述和分析。

第三章运用财政历史文献和数据进行历时与共时的定性和定量研究：历时方面，对各界政府财政目标、工具和政策实施路径进行分析；共时分析方面，依据财政工具四大重要指标体系：公共财政占 GDP 之比、公共债务规模、收入指标（含税收）和支出指标（含社会保障），以及财政政策运用的重要指标：支出质量与效率，展开若干历史横截面上墨西哥财政的个案研究或与拉美地区内、地区外国家或国家组织的比较研究；通过这一横向和纵向、定性与定量相结合的研究，全面把握该时段墨西哥财政状况的历史演进，发现其阶段性问题所在。

第四章至第六章对 1994—2014 年墨西哥财政效应进行动态分析。本章基于第三章的研究基础，选取和锁定 1994—2014 年墨西哥财政"由工具而至目标"操作中，具有显著正负面效应的代表性财政选择，以改革或阶段作为对象，以第一章总结出的西方财政三大效应为分析框架，运用数据比较对其展开量化的效应分析，从而加深对墨西哥财政政策 20 年来实施效应的整体评估，总结出其中的得失经验。

第七章基于对墨西哥 20 年来财政状况与政策的总体认识，对其未来的发展趋势进行展望，总结可供中国借鉴的启示。

四　研究主要创新点和不足

（一）主要创新点

首先，国内有关墨西哥财政的研究大多集中在 20 世纪 80 年代债务危机和 90 年代金融危机时期，相关论述建立在特定时间片段内的宏观政治经济和国际经济背景下，仅从一国财政的视角来看缺乏系统性和连续性不利于全面进行评价，也不利于把握动态的变化，针对拉美财政问题的总体研究集中于 90 年代，包括的范围广、国家多，鉴于拉美国家内部具有差异性，在对总体特点梳理之下，对个案的特点缺乏更丰富的独立论述。国外文献对 1994 年以来墨西哥国别财政政策演进与效果也尚无总体性探讨，就一些局部性问题进行了较具前瞻性的分析。因此，笔者选取了墨西哥这个国别，以及 1994—2014 年这个时间段，来对它进行连续性的财政选择演进和效果观察，尝试对这个国别财政进行更深入的描述，特别是 20 年来政策目标的制定及其背后的理论逻辑、具体政策目标的实施、实际政策效应及存在的问题，从而总体把握其财政政策实施的趋势和挑战。

其次，鉴于墨西哥是拉美新兴市场国家的重要代表，以及其发展模式和巴西具有的差异性：20 世纪 90 年代的改革更为彻底和激进，私有化自由化程度更高。因此，对这个个案财政选择的研究能够为新兴经济体融入国际经济环境中的财政调控目标、方法以及可能的问题等带来具有补充性的视角，丰富当前对新兴市场国家宏观经济研究中的财政调控的认知。

（二）不足之处

1. 效应分析框架的建立和完善

本书拟引入定量的方法对选定时间范围内财政政策三大效应进行分析，但是由于中外相关研究缺乏共识，对模型和数据的掌握还有欠缺，且模型的适用性和解释力度也不够完善，所以拟采用定性分析为主，适当定量分析为辅的方法，力图能够全面把握总体效应。

2. 关于墨西哥国内财政的若干问题研究认识还不足够

目前，由于中外文资料有限，对墨西哥国内财政的某些具体问题研究涉及范围还不足够，CEPAL、IMF、OECD 等国际组织更多的是基于横向宏观的认知，对于墨西哥本国的一些问题，比如财政分权效果研究、财政与产业政策的关系、财政对中小企业发展促进分析等内部视角由于资料匮乏和收集难度无法全面涵括在本书中。

第一章　西方财政政策文献综述
——理论与政策分析框架

"财政政策"这一概念,于 1935 年阿尔文·汉森在其《财政政策与经济周期》中首次提出。尽管古典经济学家的研究重点在于资源配置与经济增长的关系,西方财政理论与财政政策研究却源自 1929 年到 1933 年资本主义经济大危机,凯恩斯革命改变了古典经济学家的国家不干预经济理论,主张政府实施宏观经济调控,其中最核心的就是利用财政政策。20 世纪西方财政政策理论的发展和演进与西方经济学理论发展同步,从 30 年代的凯恩斯主义、新古典综合学派和新剑桥学派,到 50 年代货币主义和 70 年代供应学派理论,以及福利经济学,不同的经济学流派都形成了关于财政政策旗帜鲜明的理论观点和措施主张,同时也发展出了完备的税收理论与税收原则。20 世纪 80 年代以来,随着西方主流财政理论流派日益宏观化、专业化并呈现相互融合的特点,逐渐展开了对于西方发达国家自身以及新兴市场国家关于政府支出、税收、增长以及收入分配等问题的集中关注,此外数量分析工具的广泛开发和使用使财政政策研究更加精确。当代财政理论认为,在现代市场经济及开放环境中,一国财政政策越来越深刻地影响着投资、储蓄和宏观经济,已经成为宏观经济调节最重要的手段之一,此外因财政政策的作用机制特性,相较货币政策而言,除帮助一国应对经济短期变化外,往往肩负着结构性与中长期发展的重要作用,在发挥宏观经济稳定与增长、结构调整、改善收入分配和促进就业等领域具有不可替代的重要性。

财政政策是一个有机系统,其包括财政目标和财政手段等具体内容，财政政策是由国家出台的为了保证国家财政目标顺利实现的一些财政手段的指导原则以及相应措施。财政政策的主要工具有财政收入（主要是指税收）、财政支出、国债以及投资。综合中外研究文献发现，在 20 世纪的西方，对于财政政策的理论研究和实践证明大致可以概括为以下四点：第一，财政政策在发挥稳定宏观经济中的作用。第二，财政政策对于经济增长的作用，即其作用机制与效果。第三，财政政策在改善收入分配，促进就业等其他经济发展目标中的作用。第四，对财政工具优化的研究，如最优税收、最优公共支出、最优国债等的研究。

第一节　西方财政政策理论的历史演进

一　古典和新古典经济学的财政理论

1776 年，亚当·斯密在其代表作《国民财富的性质和原因的研究》中，第一次在古典经济学的基础上，系统地研究和分析了财政学的核心问题，这也是财政学科出现的理论基础。首先，亚当·斯密把财政学的研究主题确立为增进国民财富，从此使财政学有了比较稳定的研究对象。其次，具体地阐述了税收、财政支出和公债等财政内容。然后，阐述了国家职能，为财政活动划定了合理的边界。最后，基本上把财政学的框架构建出来。自《国富论》发表之后，财政学开始了新时期的发展，而且都是在这个基础上的进一步发展。

新古典经济学对财政学的阐述集中在两个方面：

第一，边际效用理论推动了公共产品理论的创立和发展。19 世纪 80 年代，奥意财政学者参考边际效用价值论提出了比较全面的公共产品论，这个理论推动了财政理论的发展，明确了政府公共服务的性质，为市场经济受到公共经济的影响以及公共产品供给和分析等重大问题提供了理论依据。

第二，推动了财政学的经济学化和科学化。

二　凯恩斯主义（含新古典综合）财政理论

凯恩斯主义财政政策的核心是有效需求理论，由支出政策、收入政策以及财政平衡政策等方面构成。他在《通论》（1776）中论证说明危机的原因是有效需求，即投资和消费需求不足，主张通过税制改革、扩大政府开支、推行赤字财政等措施来平衡总需求和总供给之间的关系，推动就业的进行。除此之外，他还提出一个理论叫"乘数效应"，也就是说收入受到政府投资的影响，而且这种影响关系是倍数关系，所以说在一定范围内，政府投资越多，收入越大。凯恩斯短期扩张型赤字政策的实施成功遏制了大萧条，被称为"汲水政策"。这种传统需求管理导向的理论发展出"汲水"政策，目标是应对"反萧条"，此外还有"补偿性"政策，目标定位于"反经济周期"，再者为"增长性"财政政策，用以"加速经济增长"。

新古典综合学派代表人物阿尔文·汉森（Alvin Hansen）追随凯恩斯主义提出了一种新的财政政策，即相机抉择的"补偿性"财政政策，具体来说就是在某一个时期，在市场的基础上，政府通过出台一些有效的经济政策，"逆经济周期而动"，从而减缓经济波动。从需求管理出发，财政自动稳定器的作用发挥离不开累进制个人所得税占财政收入相当的比例以及完善的社保制度这些前提条件，且有一定限度，因而相机抉择的财政政策很快被证明存在一些局限性，例如政策效应时滞性、财政政策缺乏弹性、不重视供给而在面对供给冲击时应对财政失衡时往往顾此失彼，因而这种政策被视作一种短期的治标策略。例如，扩张性财政政策导致赤字上升、货币供应量增加、诱发通货膨胀，而紧缩政策又可能导致通货紧缩、经济衰退、失业率上升。而从总供给管理来看，财政政策重点应该包括激励促进劳动和资本投入，以及科技水平提高。政府规模和税收的因素包括自然资源、劳动力和资本在内的要素投入与科技水平。萨缪尔森（Paul A. Samuelson）在他的观点中认为，投资、消费和国民收入之间是有联系的，它们之间是相互影响的，经济调整和经济周期的出现会对经济情况产生影响，政府要采取投资的方式来减少其负面影响。该学派发展了希克斯—汉森模型、总供给—总需求模型、索罗德经济成长率模型和托宾的资产选择模型。

赫勒（1969）则在对长期补偿性财政政策导致了潜在与实际生产能力差距加大，有可能紧缩总需求从而对经济增长造成"财政阻力"的反思之上，主张不光要在萧条时期，也要在经济恢复时期，通过扩张性财政货币政策来提高产出水平，推动充分就业、刺激经济加速增长。基于此，"增长性"长期预算赤字财政政策逐渐产生一定影响力。

三 新自由主义财政理论

新自由主义经济学主要包括货币主义、供应学派、理性预期学派等。20 世纪 70 年代芝加哥货币学派代表人物弗里德曼（1968），面对"滞胀"，旗帜鲜明地反对国家干预，认为在货币供应量不变的前提下，扩张性财政政策会破坏市场自动发生的长期平衡机制，导致利率上升，引起私人投资和消费的减少，从而产生"挤出效应"，对经济刺激效果甚微，不能促进增长，但是同时并不排除财政政策的短期效应；货币主义的理论观点中，财政政策基本上是没有用的，指出"滞胀"现象的出现是因为实行了赤字财政政策，认为所实行的货币政策应该以"单一规则"和浮动汇率为核心，减少税收、降低预算，并且采取所得税方案。

供给学派主张恢复"供给自行创造需求"的萨伊定律，反对赤字财政政策，主张实现预算平衡的财政政策。此外主张进行税制结构改革，创造有利于储蓄和投资，有利于技术革新的宏观条件。20 世纪 70 年代，美国供给学派代表人物拉弗（Arthur B Laffer）以"拉弗曲线"而著称于世。依据该理论，在一定范围之内，税率与政府税收是成正比关系，但是一旦超出这个范围，两者之间的关系就会成反比关系。因此他主张政府必须保持适当的税率，才能保证较好的财政收入。在担任里根政府经济顾问期间，通过推行减税政策快速取得积极效果缓解了"滞胀"难题。因此该学派总体在收入方面，主张以拉弗曲线为依据推行大幅度减税政策，以达到刺激消费增加投资积极性，和长期扩大税基增加税收的效果；为了平衡预算，要减少支出，也就是减少各种政府开支。

理性预期学派（1976）在货币主义的基础上更进一步，为了降低通货膨胀的负面影响，顺利地实现宏观经济目标，充分发挥财政货币政策的作用，并指出通货膨胀问题是财政与货币政策协调的关键领域。

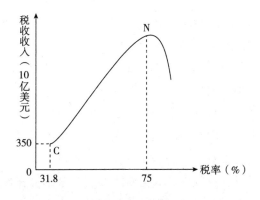

图 1 – 1　拉弗曲线

四　新凯恩斯主义财政理论

20 世纪 80 年代以来的新凯恩斯主义的出现背景是"滞胀"，是对传统凯恩斯主义的进一步完善和发展，在结合宏观和微观的分析之后，其认为资本主义经济因为自身的特点一定会导致经济波动的出现，为了降低经济波动的负面影响就应该在宏观调控上加大力度，建立了一个短期和长期兼具的政策框架。其主要内容为政府要采取一定的手段和措施来对经济进行干预，才能保证就业和经济增长目标的顺利实现。在短时间内，为了尽快实现经济复苏，应该采取赤字财政政策；长远的话就要一步步地降低赤字财政政策的地位，采取其他手段如提高政府在公共方面的投资来稳定经济。

在新凯恩斯主义学派的观点中，既对需求管理有足够的重视，又在参考了日本产业政策之后加大对供应方面职能的重视，即以政府为主体组织采取一系列措施着力于完善产业结构，使其更适应市场经济情况。具体做法是在以实现经济长期增长为主要目标这个总体框架下结合内生性增长理论，以提高全要素生产率为导向，进行人力、物质资本的累积，从而提出更为科学合理的宏观经济政策。[①] 其中，内生性增长理论在财政上有如下一些基本主张：新知识的获取和实际应用会对经济长期增长目标的实现产生影响，在新古典增长模型中，有一种经济现象叫作

---

① 成琳瑜：《美国二十世纪九十年代以来财政政策理论与实践的演变》，硕士学位论文，吉林大学，2008 年。

物质资本边际收益递减现象，新知识的获取和应用可以降低这种现象对经济的负面影响。但是因为一些正外部效应会导致私人收益没有社会收益这么高，这就会使活动不能顺利地进行，出现总的实际均衡增长率低于社会最低增长率的消极情形，这时候便需要政府提供财政补贴。对于赞成供应学、货币学和理性预期学这三个学派所提出的，政府所采取的对经济的干预措施是没有用的这个观点，是表现出不赞成的态度，认为政府出台的财政政策对于经济增长的作用是不可忽视的，认为政府财政的重点要放在以下三个领域：人力资本投资、基础设施投资、研究和开发投资。新凯恩斯主义也认为财政政策对价格水平稳定以及通货膨胀的控制有重要作用，财政稳定是控制通货膨胀的重要前提，而财政不平衡会引发银行和金融危机，造成通货膨胀压力。因此，财政政策成为宏观经济稳定，特别是金融稳定的重要政策工具。

五　公共选择学派的财政理论

在以布坎南与塔洛克为代表的公共选择学派看来，政治制度的因素属于经济发展过程中内部产生的一个变量，这个因素出现之后，在进行经济学分析的时候都要考虑到政府的行为和政策，这是有利于经济学发展的，因为在传统经济学当中，政治制度因素属于一个外部的变量，也就是不对经济本身有根本性影响，这种经济学的分析是不全面的，没有能够很好地把国家政治与经济活动结合起来，对两者之间的相互影响关系也没有详细的分析和介绍。之后在西方学术界中，公共选择理论开始被纳入财政学领域。而后，瓦格纳在《公共财政学》中指出公共选择、运用微观经济学是公共财政学研究的两个方向。

公共选择理论在财政研究中的补充性视角开始产生广泛关注，人们逐渐意识到在资源配置和公共经济管理中，原本纯粹的经济问题在某种意义上转变成了政治问题，财政学和政治学发生了学科交叉，也就是政府失灵必须要采取政治手段来解决，从而使研究范围更广、更全面，政治和经济的关系也更加紧密。这主要体现在：

第一，在研究和讨论政治领域上的相关问题时，借助经济学中的经济人假设，在新古典经济学当中从来不会把政治和经济结合在一起研究，也就是财政学仅仅涉及经济问题，而不会涉及政治问题。第二，政府不是万能的，政府也会在很多方面出现失灵的问题。财政学对政府问题的关注有两个方面：一是在公共产品上的作用，二是政府支出增长受到制度因素的影响，即后者往往存在缺陷甚至扭曲性。第三，预算支出的决策过程因为与制度因素息息相关，从而越发引起重视。在新古典经济学中，财政的关注点是效率，财政问题通通归结为税收问题，税收又是市场均衡价格的一部分，使政府财政研究更进一步。①

此外，从政策制定的角度来看，经济政策总是会受到政治的影响。一旦经济效率与社会稳定之间不能平衡的时候，就需要民选政府在宏观上对两者进行调控。在拉美的政治发展历史和现实中，利益集团能大大地影响政府的存亡。不同的利益集团具有的政策影响是不一样的。

第二节　关于财政政策的宏观分析框架

综合上一节的总结，本节我们试图从西方公共财政百年以来的理论和政策实践变迁中，结合当前世界经济的运行特点，提出一个关于一国财政政策的宏观分析框架。通过这样一个框架，我们试图解释财政政策在一国经济发展、经济调控中的基本模式、目标与影响因素；与此同时，由于现代财政理念中财政政策是包含目标、工具与结果"三位一体"的有机系统，我们不能忽略对政策工具所产生实际效应的关切。

一　财政政策选择的内在逻辑：国家与市场、公平与效率、需求与供给

如前所述，现代财政政策诞生之初便与一国宏观经济发展密切相连，因而宏观经济发展的重要议题、内涵无不渗透在财政理论与政策的实践中。在西方经济发展过程中，关于国家与市场、公平与效率、需求与供给的讨论从未终止，在不同的历史时期，国家主导或市场放任、追

---

① 边社明：《西方经济学不同流派对经济学发展的贡献》，《云南社会科学》2008 年 7 月。

求效率以促进增长或保证公平以扩大社会总体福利，释放需求以刺激经济改善或强化供给以着眼长期经济调整，这三组概念为一国特定时期的经济模式选择、政策制定提供了内在的改革逻辑。财政政策也不例外。在不同的经济模式选择、经济政策制定中，财政政策往往依据其逻辑进行相应的选择与配给，因而我们分析一国财政政策在宏观经济政策中的作用性质，便不难发现其内在的政策历史逻辑。

二 财政政策效应的短期分析：经济稳定效应

财政政策除作为一个改革目标外，也是财政工具运用与实际工具效果的统一。从政策绩效的角度，我们在分析框架中引入包括经济稳定、经济增长与改善收入分配三方面的效应，以适应近年来财政政策多重宏观经济目标并存的实际情况。三者之中，促进经济稳定的效应，主要借助于短期逆周期的财政工具应用，来获得应对外部冲击、熨平经济波动的实际效果。当前随着经济全球化进一步发展，国际经济波动性和不确定性上升，一国财政政策稳定经济的短期经验和效应值得探讨。

三 财政政策效应的长期分析：经济增长与收入分配

如前所述，促进经济增长是一国经济政策最重要的课题。在财政政策发挥社会公共资源调配枢纽作用的同时，通过税收、支出、债务等工具调节资源配置，调整产业结构，从而作用于经济中长期增长动力的培育和提升，是财政政策重要的实际效应。

与此同时，由于公共财政同时肩负生产与分配两个环节的资源调控，对一国收入分配中的初次分配和二次分配过程都相应地发挥调配作用，因而被视作社会福利之源泉。收入分配的改善也是一国政府财政政策可观的效应。

围绕以上理论逻辑，西方财政政策在长期实践经验中分别发展出了有关财政政策与宏观经济稳定、经济增长与改善收入分配三方面效应独立、系统、完整的理论分支与实证研究，它们分别是：

（一）财政政策与宏观经济稳定关系的理论与实证研究

如前所述，现代财政政策理论是随着现代宏观经济学的诞生而产生的，其最初的着眼点即在于应对总需求不足造成的经济大衰退，调节失衡，维持宏观经济稳定。凯恩斯主义认为财政政策可以发挥调节经济周期、自动熨平经济周期产生的波动影响，对宏观经济起到稳定作用。20世纪70年代，货币学派主张以货币政策来稳定货币与物价，实现宏观经济稳定这一首要目标。新凯恩斯主义则更进一步，将财政政策视作实现宏观经济稳定的工具。

20世纪80年代以来，随着世界范围内以贸易为先导的经济全球化以及国际资本流动、金融全球化的影响，世界范围内新一批新兴市场国家在经济转型与开放的过程中金融危机频发，通货膨胀与财政赤字严重威胁了国家宏观经济的稳定性。与此同时，货币主义的实践催生了各种货币规则，Mac Callum（1984）提出了通过名义收入的规则来执行货币政策，基础货币增长率依据名义GDP增长率以及先前设定的目标之间的差距进行相应的变动；Talor（1993）则根据美国货币政策的实际经验，保持实际短期利率稳定和中性政策立场，这种继承单一货币增长规则且兼具灵活性的规则被各中央银行采用和发展。新兴市场国家则纷纷通过货币与财政政策的调整以及规则的建立应对危机。拉丁美洲许多国家在90年代逐步实行了新凯恩斯主义"通货膨胀目标制"的货币操作框架，同时加强了财政纪律。2009年新一轮的国际金融危机以来，发达国家纷纷陷入高财政赤字泥潭，在财政赤字不断扩大的过程中，能否成功应对目前的通货膨胀压力、稳定宏观经济，成为短期内各国宏观政策（财政与货币政策）面临的最大挑战。财政政策与货币政策的合理协调运用，成为新兴市场国家在短期内维持宏观经济稳定需要予以特别关注的课题。

有关财政政策与通货膨胀关系的理论与实证研究主要包括：Sargent和Wallace（1981）关于"非合意货币主义算法"理论以及Woodford（1995）关于价格层面的财政理论都认为，不被约束的财政政策会给货币当局加大赤字货币化的可能性。Bernanke（1999）则认为，巨额赤字会阻碍通货膨胀目标制的形成。Minshkin（2004）认为，以提高政府透明度和控制政府赤字为主要内容的财政改革有利于通货膨胀目标制的形成。Agenor（2013）认为，财政不平衡是继金融危机之后中等收入国家实行通货膨胀目标制面临的一个大问题。

研究方法方面，世界各国中央银行和西方经济学家广泛采用 DS-GE① 模型结合本国的实际情况分析财政政策的宏观经济效应。其中众多学者如 Woodford（1996，2001）、Kim（2003）、Daving 和 Leeper（2005）通过使用 DSGE 模型检验美国财政赤字和通货膨胀之后得出财政政策在稳定价格和控制通货膨胀两方面的作用尤为突出；Montiel 等在文献中（1996）提出，泰国、巴西和韩国呈现正相关，其他 5 国相关关系较弱；历史经验研究表明，尽管美国 2001 年提出财政政策与货币政策相互独立，但是历届政府在多年实践中成功实现了两种政策的协调配合，其中克林顿时代尤为典型。成功克服危机，实现金融和宏观经济稳定有赖于适宜的财政政策，以及与货币政策合理地配合使用。

（二）财政政策与经济增长关系的理论与实证研究

经济增长理论一直是经济学研究领域研究时间最长的命题之一，经济增长也是促进各国经济发展的基础和核心问题。古典经济学探讨的核心问题即为资源配置与经济增长的关系。而对财政政策与经济增长的密切关系发端于 20 世纪。早在 30 年代，在凯恩斯主义为主流的时期，哈罗德—多马长期经济增长模型分析了储蓄、投资和国民收入的关系，认为储蓄率和资本产出比率影响增长，这一模型虽然把增长问题高度简化，但其关于利用财政政策促进增长的基本主张很有价值；20 世纪 60 年代，全球范围内国家的公共财政支出规模都在不断扩大，GDP 占比也有明显提高，经济学家开始关注公共支出与增长的关系。

同一时期，以索洛模型（1956）为代表的新古典增长理论打破了宏观经济学长期关注波动问题忽略增长问题的趋势，经济增长的动因以及影响因素成为重要的研究领域。新古典主义的外生增长模型引入了一个外生的技术进步这个新因素，其认为决定经济增长最重要的因素是技术进步，主张采用财政政策影响储蓄率，接着就是影响资本积累的生产能力，从而使经济以最佳增长路径运行，但是如果不讨论外生因素的影响，长期经济增长依然难以解释；新古典综合派的托宾提出增长性财政

---

① 是指基于新古典真实经济周期模型（RBC），兼具微观经济学基础的结构化宏观经济学主流分析工具，具有显性建模框架、理论一致性、微观和宏观分析的完美结合、长短期分析的有机整合等优点。目前，众多国外学者利用这一模型分析财政政策的宏观经济效应，我国学者目前尚未使用该工具在这一领域进行研究分析。

政策，主要内容是以充分就业和国内经济增长为目标的长期预算赤字政策。剑桥经济增长模型则反对新古典学派，发展了李嘉图关于工资与利润消长的思想，更加注重收入分配对经济增长的影响。20 世纪 80 年代，自由主义经济再次兴起，各国都开始对公共财政支出进行控制，在这样的发展趋势下，必须对公共财政支出结构做出相应的调整。因此经济学家开始着眼于公共财政支出结构的调整，尤其是对公共财政支出结构调整与经济增长关系的研究。

20 世纪 80 年代中期以来，以 Romer、Lucas 等为代表的理性预期学派，突破了传统经济理论关于要素收益的递减或不变的假设，构筑了内生增长理论，该理论为研究财政政策与经济增长趋势两者的关系提供了新的理论基础和分析方法。该理论认为一国经济长期的增长是由于人力资本、知识和技术进步等内生变量的存在，也是内生变量的存在使物质资本收益递增，经济增长率决定内生化；该学派还认为政府通过调整财政政策，可以解决人力资本积累外部性、技术外部性以及知识外溢效应等问题，并且加大在人力资本、研发等方面的投入，进而有效提高长期经济增长率。内生经济增长理论尽管处于不断发展完善过程中，但它不仅较好地解释了经济发展事实，同时也为分析财政政策和长期经济增长两者的关系提供了新的分析方法，使财政政策对经济增长的促进作用被重新定义，依据该理论，财政政策是政府可以利用的促进经济增长的重要工具。20 世纪，美国、日本等国家就是通过对这个理论的合理运用迈上了一条新的经济增长道路。

Barro（1990）提出每个国家的政府都应该有一个"最优公共财政支出规模"，在这个规模形成之前，政府应当扩大公共财政支出，确保其能促进经济增长，而一旦超过这一规模，就要减少公共财政支出，并在研究中提供了一个标准理论框架来分析公共财政支出结构与经济增长的关系。Devarajan 和 Zou（1996）也运用"AK"模型对公共财政支出结构对经济增长的影响进行了研究，并将公共支出一分为二，分为资本性支出与经常性支出。经过详细的研究分析得出，资本性支出可以促进经济的增长，而经常性支出阻碍了经济的增长。

实证研究方面，国内外从外生增长模型到内生增长模型、从财政政策的总体效应到结构效应几个不同的方面对财政政策促进经济增长效应这个理论进行了深入的研究探讨，进而探讨了财政政策对于一国特定时段经济的增长有无效应、有多大效应以及效应产生机理和实现路径，并且得出了不同的一些结论。

Aschauer（1989）对美国 1949—1985 年公共支出与经济增长关系进行了考察，将支出分为生产性支出与消费性支出，得出结论：公共生产性支出对经济增长具有强有力的支撑作用，而消费性支出对经济增长只有微小的正面影响；Heng – fu Zou 等在文献中（1993）通过对 43 个发展中国家近二十年的年度数据进行分析，研究显示公共支出条件的变化对经济增长率可以产生一定的影响，这里的支出不仅包括公共投资的产出能力，而且包括对这些公共投资的分配。在其所考察的发展中国家中，大多数国家的公共投资都是超量的，这一现象反而导致了经济增长的下降，导致这一现象的原因是过量的支出可能产生"挤出效应"。因此如果公共投资过多，反而会使其产出能力下降甚至变为负。Paul Evans 等在文献中（1994）实证研究分析表明政府财政政策的必要性，研究结果显示，政府除了在教育上的支出是有效的，其他方面的支出都是无效的。Miller 和 Russek（1997）针对政府支出对经济增长的影响进行了详细的研究，研究发现所有的样本国家都出现了统一的现象：通过增加税收来增加财政支出促进经济增长，通过增加国债使财政支出阻碍经济的增长。这一现象表明政府支出的经济增长效应取决于其资金的来源。Richard Kneller 等在文献中（1999）提出，不正常的税收会阻碍经济增长，除此之外，他们还得出政府支出只要投资于生产性部门就会促进经济增长，投资于非生产性部门则会阻碍经济增长。Robert J. Barro（1996）通过实践论证的方法对经济增长的决定因素进行了研究，对研究结果分析得出了基础教育、寿命、生育率、法律的完善程度、贸易的自由度等与经济增长是成正比的，以及政府消费与通货膨胀率成正比，与增长速度成反比的结论。S. Russek 等在文献中（2001）通过选取的跨国经济数据进行实证检验发现，对于发展中国家而言，征税有利于经济增长，而负债则会提高政府支出不利于经济增长。但发达国家的实证结果却是恰恰相反的。除此之外，他们还发现，财政支出类别的不同也会对经济增长造成影响。对发展中国家而言，通过债务融资来支付国防、医疗保险和社会福利等会减缓经济的增长；但是对发达国家来说通过债务融资来支付教育支出会促进经济的增长。

（三）财政政策与调节收入分配关系的理论与实证研究

在西方经济学发展进程中，亚当·斯密提出了分配理论的基础，李嘉图进而把收入分配作为主要的研究对象，从而开始注重分配对生产的影响。20世纪以后，分配引入经济增长模型，发展经济学总体上倾向认为经济增长自然解决收入分配的问题。然而更多的实践经验则表明，在市场经济规模不断扩大和深入发展的背景下，收入分配状况恶化及贫困的增加却并未得到缓解；70年代以后，福利经济学家庇古主张在不损害资本积累和国民收入总量的前提下加大国家干预力度，促进收入均等化，至此西方发达国家正式明确了财政政策在调节收入分配中的重要作用，以及包含财政在内的国内政策在一国经济发展中平衡"公平"与"效率"两大重要政策目标。

初次分配环节与生产过程直接关联，以市场机制为主导，按劳动和生产要素贡献适当对个人的分配拉开差距，再分配环节，政府介入干预发挥主体作用，通过转移支付等方式将收入差距控制在合理范围。[①] 财政政策主要通过扩大税基、加大税收力度和提高税率等措施提高政府财政收入，从而提高国家对社会财力的支出，在税收结构上不断进行优化，合理配比直接税和间接税所占比重，依据具体国家的经济发展状况制定合理的累进性或累退性来进一步干预再分配调节；另外通过财政支出多投向社会保障、医疗保险、健康等民生领域来缓解福利赤字。

国内外关于财政政策与收入分配关系的研究正是聚焦于对收入分配不平等问题的分析上。相关方面的理论和实证研究有：A. Harding（1993）强调"税收—转移支付系统"可以在较短时间内对收入分配进行合理的调整，可以看作将一部分社会收入从富人转移到穷人，在短期内实现经济平衡和社会相对稳定。但是这种系统在长期执行过程中的效果却不如短期的明显，还有不利影响。Ramos 等（2008）通过向量自回归模型对英国财政政策对经济产生的影响进行研究分析。通过分析，他们指出政府在收支分配方面的规律，如增加政府公共支出能够减少收

---

① 黄乐平：《"包容性增长"与收入分配：智利案例》，中国社会科学出版社2016年版，第14页。

支不平衡现象；直接税、间接税与收入分配之间的不平衡关系不会随着政府公共支出的增加而发生较大变化；增加税收会造成收支不平衡状况的突出。Wolff 等（2007）以家为单位研究政府净支情况来总结财政政策与收入分配不公平现象之间的关系。总结出不同财政政策工具在进行调整前后计算的基尼系数说明政府支出较之税收更能够降低收入分配不均的不良影响，政府转移支付以及公共消费更加有利于减少分配不均现象的发生，但效果不如前者，至于税收，其作用较小甚至会在某些情况下造成不良影响。Warr 等（2006）针对税收及公共支出，泰国减贫仅靠保持税收总量却不调整税收体系结构的影响是未降低贫困率及其影响。

第二章　财政政策理论、政策演进回顾

——拉美和墨西哥的视角

第一节　拉美财政政策理论的历史演进与
"面向发展的公共财政"

拉美的财政体系和财政政策演进与本地区经济理论和不同时期经济发展密切相关。20 世纪拉美走过了一条不同于西方的发展之路，也诞生了不同的经济思想。

以 20 世纪 30 年代大萧条为起点，拉美开启了早期进口替代工业化的发展阶段。① 拉美财政政策可以说也是同步展开的，50 年代在拉美"结构主义"发展理论指导下进口替代工业化加速发展至 70 年代式微，其后以 80 年代债务危机为转折，拉美进行了广泛的新自由主义改革，实现了由内向型工业化向出口导向的外向型工业化发展的大转型。在整个进程中，财政政策在拉美 20 世纪不同发展模式转换中承担了模式构建作用，财政体系和职能也从简单到完善不断发展，税收制度不断完善。但是，债务问题、财政赤字和国际收支失衡、收入分配不公也成为拉美经济逐渐累积长期存在的问题。财政规模小、财政职能缺失、政策被动性、总体财政能力弱被视为 20 世纪拉美财政的突出特点。80 年代

---

① 由于受到大萧条及第一次世界大战的冲击，国际市场贸易条件恶化，殖民地初级产品出口模式和早期工业化经济受到严重冲击，拉美发展赖以依靠的外汇严重短缺，开始自发进行进口替代工业化的发展，这种内向型工业化的发展模式持续了整整半个世纪之久。

债务危机是其中最典型的代表。90 年代三次金融危机以后，财政政策在稳定宏观经济方面的作用日益凸显，在新自由主义改革的推动下，加强财政纪律成为拉美国家的共识和普遍做法，拉美整体财政框架得以稳定。90 年代中期以后，拉美经委会"新结构主义"理论提出以"增长，改造生产结构，改善收入分配，减少外部脆弱性"为主要特点的发展思路，与"新自由主义"在拉美国家发展道路的讨论中并驾齐驱，2000 年以后"社会凝聚"以及"包容性增长"的发展理念也在拉美各国广泛传播，拉美各国在"基于技术进步的新型工业化""改变生产模式，实现增长和社会公正"方面取得了共识。其中在对"新结构主义"纲领性文件进行补充的四个专题讨论中，在 1998 年的拉美经委会代表大会上，拉美经委针对地区出现的财政问题的分析观点以及应对经验，给出了相应的意见，重点措施在于巩固财政调整，还要注意提高公共支出和生产率、透明度，不断推动社会民主体制的完善及建设。这是财政政策第一次作为重要的宏观经济调控工具，为拉美本土经济理论以"财政公约"的形式正式提出。[①]

2003—2007 年拉美进入债务危机以来新一轮最快最稳定的增长周期，拉美财政状况明显改善，在 2008 年年末开始的国际金融危机冲击下，拉美整体财政金融表现出较好的反危机能力。但值得注意的是，经济学家 José Antonio Ocampo 的研究指出：危机期间拉美积极的财政表现更多地应归因于额外的财政收益，而非财政政策的根本好转。"后危机时代"，拉美部分国家财政形势下滑，难以继续支持反周期操作，财政可持续性受到挑战，脆弱性再次显露。可以说，90 年代中后期以后，尽管拉美公共财政状况有所改善，财政制度有所改进，但至今仍然是政府应对中短期危机的政策工具，尚未形成一整套具有中长期战略目标视角的系统性理论机制和政策框架。

目前拉美经济增长乏力，财政空间萎缩，拉美再一次走到"稳增长，调结构"的历史关口，财政政策作为重要的宏观经济调控手段，如何协调不同的财政目标，结合中短期与长期改革目标，能否或如何从

---

① 韩琦：《拉美新结构主义——转型时期现代化道路的思考》，《拉丁美洲研究》2008 年第 3 期。

"财政稳定"走向"经济增长"，值得探究。

一 结构主义（拉美经委会主义）财政理论

第二次世界大战以后世界范围内研究不发达国家的发展经济学纷纷诞生。1948 年 2 月，联合国成立了拉丁美洲经济委员会，拉美经委会的成立为该地区进行科研事业提供了一个优秀的科学家团队，同时也营造了良好的学术氛围。该团队中的每一个成员都是经济领域中的专家，他们基于对拉美现实的敏锐观察，被同样的追求和价值目标紧紧地联系在一起，在共同的努力研究下，形成了针对拉美地区的地区发展战略，创造出第一个来自不发达国家的发展主义经济理论"结构主义"。[①] 拉美结构主义理论和基本思想的提出，最开始的目的是应对拉丁美洲频发性经济问题，将为了解决这些经济障碍而提出的合理化建议梳理成一套规范的基本理论。65 年以来，从早期作为关注拉美发展主要障碍和提出克服这些障碍的政策建议而出现的结构主义，到晚期历经债务危机、金融危机洗礼而诞生的新结构主义，拉美经委会思想的主旋律就是发展、分析拉美经委会思想，我们可以发现其在理论方法上有两个特点：第一，拉美地区长期受到经济发展阻碍问题，所以中长期原因引起了重点关注；第二，在进行现代经济问题分析的过程中还是需要看历史发展因素，这种借古鉴今的方法需要实现延伸和拓展。拉美经委会思想和基本理论对该地区的经济发展具有重要意义，并且奠定了其后至 70 年代发展模式的理论基础。

在该理论指引下，拉美各国逐渐开启进口替代工业化发展模式，财政政策也随着国家干预的全面强化在经济中的地位显著上升：政府规模迅速扩大，财政职能发生转变，成为拉美经济"结构重塑"和促进经济增长的重要手段。拉美国家通过普遍实行高关税税率，其中阿根廷关

---

① 1949 年，阿根廷学者劳尔·普雷维什（Raul Prebwish）在其观察到了西方"中心"国家"长期繁荣"以外的"外围"落后发展中国家发展症结的"中心—外围"分析基础上发表了《拉美的经济发展及其主要问题》，成为拉美经委会宣言，该机构在其领导下对拉美的不发达进行系统而深入的研究，对西方新古典学派理论展开批判，并形成了结构主义发展理论，该理论也被称为拉美经委会主义或发展主义理论。该理论奠定了拉美 20 世纪 50 年代至 70 年代发展模式的理论基础。

税高达90%，巴西、智利等国都在40%以上抑制工业制成品进口，而在促进工业的资本或中间产品方面，提供多种关税和所得税优惠政策，例如秘鲁提供免税优惠。支出方面，国家对各经济部门的投资和对国有企业的补贴成为财政重要开支，同时社会开支呈现出"民众主义"色彩，拉美各国普遍建立社会保险法，实施养老金计划，从而加大中产阶层的购买力，用以不断增强内向型发展模式的动力。但需要注意的是，拉美"国家计划的社会政策模式"① 长期向中产阶级倾斜，社会保障覆盖面由上而下扩展。这样一来，无论从生产环节的区分还是分配环节来看，拉美社会都出现明显的"断裂"现象，拉美经济增长和分配关系形成了"恶性循环"，拉美在高速增长的背后，社会分配不公加剧和持续的贫困成为该阶段的显著特点：财政收入和支出结构都更加有利于依赖国际市场出口和国内替代进口的工业生产部门，参与其中的中高等阶层享受到了改革的成果，与农民和其他城市被排除在外的人拉开了收入和福利差距。这一时期随着工业结构发展失衡，拉美地区基尼系数基本处于0.5以上，低收入人群的大量产生又迫使政府不得不分散使用有限的政府收入，带来严重的财政压力。

二 新自由主义改革的财政理论

拉美新自由主义以哈耶克新自由主义与弗里德曼货币主义为理论基础，是一整套包括自由化、私有化、市场化改革为核心的理论框架和改革措施。智利等国20世纪70年代率先进入这一阶段，1982年墨西哥公共财政崩溃之后，从80年代中期开始至90年代初新自由主义在整个拉美地区先后铺开，各国改革进程不一。② 从1985年的《贝克计划》到1990年的《华盛顿共识》，新自由主义在拉美逐渐体系化。《华盛顿

---

① 苏振兴主编：《拉美国家社会转型期的困惑》，中国社会科学出版社2010年版，第161页。

② 墨西哥债务危机后，20世纪80年代中期开始大多数拉美国家按照国际货币基金组织的要求，实施了紧缩性稳定经济的调整，而后走向新自由主义改革。玻利维亚、哥斯达黎加和墨西哥是从80年代中期开始，80年代末到90年代初，在其他国家铺开，其中阿根廷在70年代两次新自由主义改革基础上于80年代进行了再一次的新自由主义改革，而巴西和秘鲁则相对更晚，这两国没有实行激进式的自由化，而是推出了兼具结构主义与新自由主义综合特征的"非正统休克"稳定计划。

共识》十条政策清单中，前三条均属于财政政策基本内容：

（1）在财政政策施行的过程中必须强调纪律性和规范性，严格贯彻降低赤字和通货膨胀率，进而稳定经济发展趋势；

（2）科学利用政府财政支出，尽可能地将财力、物力投放到必要的、效益较高的经济领域，进而提高经济资源利用率；

（3）建立健全税收制度和监管制度，在加大税基的同时降低边际税率，使增值税成为主要税收来源税种；

可见，拉美的新自由主义财政改革也同样具有减税、削减支出的特点。此外还要求加强央行独立性，开放汇率的货币政策及贸易自由化、国企私有化和放松政府管制开放市场的措施。

新自由主义改革政策体系化完成于 1990 年，具体的实施和自由化改革深化则一直持续至今天。但我们基本认为至 20 世纪 90 年代中期，多数拉美国家完成了发展模式的转型，基本确立了新自由主义发展的基本政策框架。尽管 1994 年墨西哥金融危机爆发被视作新自由主义改革的负面效应总爆发，关于新自由主义效应的争论也不休，但笔者认为应当留待 1994 年之后在更长的时间段内观察和评价其改革给每个国家带来的具体效应。

仅从 1985 年至 1994 年这一时段来看，拉美地区实行的经济改革发挥了积极的作用，从以下几个方面中表现出来：

（1）随着改革措施的实行以及不断深入，拉美国家开始走出长达几十年的经济灰暗期，并在政府和社会各界的共同努力下走向进步与复兴。

（2）经济发展模式不再是一味地从国外引进，许多产业开始自行发展并实现出口。

（3）国家经济实力得到了前所未有的提升，灵活性和抗风险性大大增加。

（4）税收制度的完善以及经济的发展改善了财政收支状况。

（5）在宏观经济政策的调整和辅助下，通货膨胀问题得到了缓解。

（6）居民人均收入不断提升，国民生活质量大大改观。

（7）经济复苏和产业快速成长吸引了一定的外资，促进了拉美地区的经济发展。

（8）行业的多样化发展大大减轻了国有经济承受的巨大压力。

（9）市场在最大限度上发挥着"无形的手"的积极作用，有利于经济自由快速发展。

这一时期财政方面，拉美总体实行紧缩性财政政策，截至 1996 年虽然总体财政形势变化不大，且债务重新安排没能解决所有的财政问题，但是拉美财政结合长期增长改革完成了框架的重新规划，可以被称为"财政重塑"阶段。从收入和支出两方面来看，财政框架呈现如下三个特点：

第一，税收改革方面简化税种和税收管理体制；取消各种优惠项目，统一税率，扩大税基；优化税制结构；进行征管的分散化改革。但是由于收入税、财政税等直接税税种在整个税收占比中非常小，所以导致间接税过重的现象发生，改革所倡导的增值税具有税收中性特点，税收制度也不利于调节不公，且总体税收占 GDP 比重持续偏低，征管薄弱，偷税漏税现象严重。

第二，绝大多数拉美国家都遵守着之前跟 IMF 签订的协议，在减少社会开支的同时，将主要精力和财物花在贫困人口的补助上。这样不仅不能够促进社会基础教育和医疗体系的发展，还会助长偷懒贪婪的不正之风，导致再分配作用严重下降。

第三，以 1981 年智利的养老金私有化为起点推进拉美社保制度，包括养老金、医疗保障、社会救助三大制度变化。拉美国家模仿智利以个人资本化账户为基础的私人养老金模式，尝试将新的资本制度与旧的公共制度联系，一定程度上纠正了制度的财政失衡，扩大了社会福利。新的养老金为提高储蓄和发挥私人资本开辟了途径；医疗保障上进行分散化管理和引进私人保险计划，社会救助上加强就业与教育培训的结合。

三 新结构主义财政理论

20 世纪 90 年代拉美新结构主义本土发展理论逐渐发展成熟，与新自由主义并驾齐驱。1990 年，拉美经委会在智利经济学家 Fernando Fajnzylber 的《拉丁美洲未竟的工业化》（1983）和《拉美的工业化：从黑箱到空箱》（1990）两项研究基础上发表了《变革生产模式，实现社会公正》报告，对80年代以来的改革进行反思，重新定义发展主义的方向；1991年，拉美经委会环境部发表《持续发展：变革生产模式、社会公正和环境》，次年又提出《公正与变革生产模式：一种整体考虑的思路》。① 学界基本认为以上三个文件构成了"新结构主义"理论的雏形。1993年，Osvaldo Sunker在《从内部发展：对拉美新结构主义思路的探讨》中提出"从内部发展"的观点，可以被视作发展主义对"内生增长"的吸收，代表了拉美试图形成一种新自由主义的替代战略的尝试。在整个90年代，拉美经委会先后用"开放的地区主义"（1994）、"本地区的金融脆弱性"（1994）、"财政问题"（1998）、"可持续发展"4个专题对"新结构主义"理论进行扩充。

　　值得注意的是，关于"财政问题"专题，在90年代末期，拉美经委会就针对财政问题进行了讨论分析，并且同时提出了具有建设意义的思想理论，这是财政政策第一次作为重要的宏观经济调控工具，为拉美本土经济理论以"财政公约"的形式正式提出。它因此代表了"新结构主义"的财政观：加强财政政策的适应性调整措施，确保公共事业的公正性和透明度，积极构建社会民主制度和立法机制。我们可以看到，这是另一种推动结构转型的财政，我们暂且将它命名为"结构财政"，结构主义的财政观强调国家的作用，强调对产业结构的调整，增加生产竞争力，这在后危机时代看来是非常具有前瞻性的观点，然而20年来，拉美时间层面的探索，走过了一条不同的道路。

四　2000年以来"包容性增长"与"社会凝聚"理念视角下的财政政策

　　2004年开始，拉美经委会对"结构主义"理论不断发展完善，提出了"一体化与社会凝聚"的新思想。

　　对拉美而言，社会凝聚起初不是内生性理念，而是外源性理念，起

---

① 韩琦：《拉美的新结构主义理论——转型时期现代化道路的新思考》，《拉丁美洲研究》2008年第3期。

源于法国社会学家涂尔干的社会学概念。从 20 世纪 70 年代起欧洲在地区开展合作、加强社会团结；而后该理念在 90 年代确立以消除贫困和社会排斥为欧拉合作的一个重要优先领域，从而经由欧洲委员会积极倡导，并得到世界银行、美洲开发银行等国际组织的共同采纳，在联合国拉美经委会大力推广下，最终在拉美地区引起了广泛反响和回应。对于拉丁美洲来说，社会凝聚的核心价值是欧洲模式团结、平等的价值观，尊重公民权利，以民主价值观为基础，追求平等和公正。此外"社会凝聚"强调国家在促进和保证社会经济方面发挥根本性作用，因此国家不能忽略宏观稳定和健康的公共财政，应当使税收制度更为公平和更能发挥积极的作用，以改变公共资源的支出方式来实现扩大再分配，从而弥补社会排斥造成的缺陷。这些主张同时也可以视作该理念的财政政策主张。

从拉美方面来看，该理念并非获得了普遍性的接受。有不同的声音提出因为拉美是世界上收入分配最不公平的地区，因而不能在拉美地区移植欧洲社会凝聚的一套方法；还有国家提出以"社会转变"或"社会融入"来代替"社会凝聚"，相对而言，实现社会转变的目标在拉美地区更具有可行性。相形而言，"包容性增长"的理念则更为本土化。发端于拉美因贫困、收入分配恶化而对新增长的思想探索，包容性增长需要兼顾社会资源的分配效果以及公平性，同时还需要注意辅助弱势群体、建设民主法治、促进社会和谐等工作。

从财政主张来看，总体而言两者均强调国家在国家发展中的重要性，强调公共财政在改善收入分配中的关键性作用。[1]

第二节 1994 年以前墨西哥财政发展与"财政重建"

一 简单财政阶段（20 世纪 30—40 年代）

在早期进口替代工业阶段，拉美总体经济增长缓慢，1925—1945

---

[1] 韩琦：《拉美的新结构主义理论——转型时期现代化道路的新思考》，《拉丁美洲研究》2008 年第 3 期。

年，拉美 GDP 增长仅为 1%，拉美各国经济结构比较简单，普遍采取低税率的财政政策，政府规模比较小，财政收入主要依靠对外贸易税和印花税，而政府支出则主要用于日常行政开支和军费。在这一阶段发展较早速度较快的国家如阿根廷、巴西、智利，初步建立了社会保障制度，社会性支出初步建立。

墨西哥与上述三国一道为拉美最早一批工业化国家，在 20 世纪 20—30 年代不同政府在 1920 年、1932 年以及 1939 年三次通过总统法令要求实施财政刺激和高关税率推动满足国内市场的制造业结构的形成；1938 年民族主义者卡德纳斯政府实行外资石油公司国有化，建立墨西哥石油公司，它成为墨西哥最大的国有企业；截至 40 年代，联邦政府总支出占国内生产总值约为 8%。墨西哥直到第二次世界大战前处于缓慢地方性的发展阶段，经济结构和财政结构都相对简单。40 年代起，墨西哥工业在第二次世界大战外需拉动下开始进入稳定增长期，财政收入和支出开始增长。税收和收入方面，关税仍然是各税收项目的主体，占政府总收入的 40%，其次是印花税占 35%。墨西哥于 1925 年设立了个人和企业所得税，20 世纪 30—40 年代所得税占比不断提高；1943 年墨西哥推出"社会保险法"，社会保障方面的社会支出同比在地区内是比较晚的。

二　"结构主义（拉美经委会主义）"经济理论与"国家计划式平衡财政发展（增长与不公并行）"阶段（20 世纪 50—70 年代）

墨西哥从 20 世纪 40 年代起较早实践"结构主义"的发展模式。其中 1940—1955 年是进口替代工业化的"简易"阶段，1955 年后进入进口替代工业化的高级阶段。在这一阶段，墨西哥通过普遍的高关税税率，同时对促进工业的资本和中间产品提供多种关税和所得税优惠等政策来配合该发展模式的推进。而在支出方面，国家公共投资占比较高，对国有企业的补贴成为财政重要开支；1959 年墨西哥修改社会保险法，使保险覆盖人数增加一倍，并实施养老金计划，从而加大中产阶层的购买力，用以不断增强内向型发展模式的动力。在一系列措施的落实下，1995—1970 年，墨西哥的国内生产总值达到历史高位，经济增长率为 6.7%，通货膨胀率则下降到 3.8%。

其中，20 世纪 50 年代中期特别是马特奥斯政府（1958—1964 年）开始推行国家全面干预的"稳定发展计划"，50—60 年代政府明确实行"稳定的财政政策"，即将保持财政收支平衡、控制财政赤字作为财政政策的首要目标。财政支出方面，随着国家的干预不断加强和经济企稳恢复发展，联邦财政支出总量从 28 亿比索增至 479 亿比索，资金主要投向工业化和社会福利；1940—1974 年政府公共投资在投资总额的支出比重接近 40%，一半用于工业和基础设施建设，国营企业补贴也逐年增加，而用于行政和军费等传统职能的支出比例不断下降，军费由 1935—1940 年占总支出的 18% 下降至 1967 年的 4.5%。在这一时期，税收方面，政府多次进行税制改革，对资本货、中间产品进口实施关税减免；提高了所得税税率，所得税成为一项综合税，其占总税收比例由 1960 年的 28% 上升到 1970 年的 45%。1964 年开始，稳定发展政策开始倾向于促进资本密集型的大企业发展，中小企业被边缘化，社会政策被忽视。

随着这样经济增长和分配关系形成了"恶性循环"：财政收入和支出结构都更加有利于依赖国际市场出口和国内替代进口的工业生产部门，参与其中的中高等阶层享受到了改革的成果，与农民和其他城市被排除在外的人拉开了收入和福利差距。低收入人群的大量产生又迫使政府不得不分散使用有限的政府收入，带来严重的财政压力。在 20 世纪 60 年代，奥尔达斯当政时的政府基本与私营经济勾结在一起，这使税收制度无法正常实行，大大损害了社会公众的基本权益。新型税法的出台将个人所得税的比例不断提高，从最初的 58.1% 上升到了 77.9%。[①] 这一时期随着工业结构发展失衡，拉美地区基尼系数基本处于 0.5 以上，可以称为"增长与不公并行"的财政发展期，在这一阶段中的基尼系数增长了近 18%。这一时期的财政政策，可以称为"增长与不公并行"的财政发展阶段。

需要引起重视的是，1955—1970 年墨西哥国家计划的进口替代工业化，并不是以初级产品出口所支持的，而是较早开始了"负债发

----

① 韩琦：《从"奇迹"到危机——墨西哥现代化转型的经验教训》，《世界近代史研究》（第 6 辑），2009 年。

展"。1953 年美国经济衰退，墨西哥消费品进口替代受到严重冲击，经济停滞，财政亏空。随后马特奥斯政府（1958—1964 年）外债增加150%，1964—1970 年外债又增加 100%，至 1970 年 12 月 31 日，外债规模高达 3762 亿美元，已经成为世界上主要的债务国。而社会状况方面，墨西哥这一时期的经济社会"断裂"与拉美其他国家却如出一辙，社会也分化为"高等阶级"和"下层民众"①，后者占总人口的 70%，1950—1960 年收入分配显示社会不公加强，马特奥斯政府的福利开支不仅没有缓解结构性的收入分配恶化，也成为外债基础之上的沉重财政负担。可以说，墨西哥奇迹期间年均超过 9% 的高增长，是与墨西哥产业结构失衡、地区发展失衡、过度借债、财政风险不断累积加大同步进行的。这一时期的财政政策是片面的。

三　现代化转型期的艰难探索和"财政动荡"阶段（20 世纪 70—80 年代前期）

经过进口替代工业化高速发展阶段②，20 世纪 60 年代末开始拉美国家内向发展动力不足逐渐显露，由于外汇短缺先后陷入严重的发展困境，拉美开始了现代化转型的探索。这一时期，除 70 年代智利军政府最早推行"新自由主义"改革，阿根廷和乌拉圭紧随其后之外，拉美其他国家在对结构主义的反思和批评上也艰难地探索不同的转型发展之路，各有特点。但这一时期拉美无论总体发展模式导向，还是具体的财政、货币形势与政策均呈现出短期频繁剧烈的变动性，总体财政形势急剧恶化，经济危机与政治和社会危机交织，从财政的角度出发笔者把它定义为"财政动荡"时期。

1970 年的墨西哥，政治上尽管危机丛生，但仍是拉美历史上最正统的民族主义国家，经济上尽管成为拉美最早的新兴工业国家，但是世界上少数债务国之一，财政形势严峻。其整个 70 年代至 80 年代前期（以 1982 年"债务危机"为转折点）的转型探索期是拉美极具典型性

---

① 20 世纪 60 年代部分拉美国家甚至领先或接近日本，70 年代拉美地区人均 GDP 超过1000 美元，其中巴西和墨西哥成为新兴工业化国家，但是 70 年代后期主要拉美国家横向来看仅仅在 10 年之内已经大大落后甚至还不如东亚和欧洲的新兴国家。

② 刘文龙著：《墨西哥通史》，上海社会科学院出版社 2014 年版，第 315 页。

的代表：埃切维里亚政府（1970—1976 年）与波蒂略政府（1976—1982 年）分别经历了民众主义的"平衡发展""稳定发展"和以石油工业为基础的负债发展主义的艰难探索，经济形势剧烈震动。

分阶段来看：

（一）埃切维里亚政府（1970—1976 年）："平衡发展"调整与财政悬崖

1970 年墨西哥财政赤字为 66 亿比索，占 GDP 比重仅为 1.58%，70 年代，随着外债急剧增加，债务利息支出占总支出比重不断扩大，入不敷出，连年赤字，1981 年财政赤字已经攀升至 11620 亿比索，占 GDP 比重达 14.5%，1982 年该比重进一步扩大到 17.6%，同时大量政府债务到期无法支付而"倒账"。

执政第一年，面对紧急形势，实行国内正统货币派开出了紧缩预算的药方，同时在各个发展领域都实行了新型发展模式，这为经济的转型升级提供了大好背景和基础条件。政府在改变经济发展模式的同时，积极拓展了国际贸易产业，不仅推行产品出口政策，还积极将先进的国外产品和经验引入国内，进而提升整个经济市场的发展活力。这种转换发展方式很好地解决了经济结构单一、市场稳定性不强、经济发展速度过慢等问题，所以得到了政府的深入改革支持。同时，在具有宏观控制的新经济政策之中，政府对工业产业和社会基础建设给予了重点关注，投入了更多的精力发展公共事业和工业企业，改变鼓励私人资本为主的政策，以寻求改变工业发展中基础工业薄弱的面貌。其次，执政第二年由民众主义的"平衡发展"替代"稳定发展"的财政和社会改革，推出"分享发展"战略，用以缓解社会矛盾。该战略特别强调农业部门和长期受苦受难的农民，一方面，通过增加对社会福利方面的政府支出以便于将经济发展带来的福利惠及社会的方方面面；另一方面，民众的收入得到增加之后就相应地提高了购买力和消费需求，所以国内市场开始复苏增加经济活力，从而达到双重调节作用。

政府实行收入再分配政策的主要目的是缩小贫富差距，进而协调社会和谐发展。由此，政府构建了相关的法律体系，例如 1971 年出台的《财政改革法案》就是一部典型的代表法案，其中规定对于年收入超过 30 万比索的人群需要征收累积税款，而超过 150 万比索的则要征收

42%的高税率，同时会对奢侈品施加重税。社会的发展需要更多的经济资源投入到基础设施的建设工作中，政府机构对各个企业实行严格的税收制度在所难免，但是这种做法受到了各家企业和各个企业家的阻挠抵抗。在经济发展的带动下，政府的财政收入得到了很大的提升，但是社会事业所需的巨大财政开支大大超出了财政收入。从1971年至1975年政府支出增加三倍，赤字扩大接近十倍。① 在这六年间，政府财政赤字越来越严重，仅农业财政支出就达到20%的联邦预算，这是有史以来最高的预算数值。政府为了应付开支，只能不断通过举借外债和吸引外资的方法来获得财政资金，这就进一步加重了政府运作压力。到1972年，墨西哥接近一半的制造业资本已经被国外企业所控制，外债份额达到196亿美元。② 与此同时，墨西哥正是需要大力发展工业企业的时候，大量的资金需求加上农业改革失败导致的资本压力使政府赤字更加严重了。贸易与财政赤字，外加1974—1975年外部危机冲击的负面影响累加，1976年起墨西哥汇率持续贬值，资本外逃加剧；国内通货膨胀率节节攀升达20%的高位，国内经济增速持续下滑，总体形势十分脆弱，政府不得不在财政悬崖上重返稳定计划。

（二）波蒂略政府（1976—1982年）：由财政紧缩转向"负债高增长计划"

波蒂略总统执政伊始，由于经济发展面临着严重压力，同时政府政策遭受到严重挫伤，所以政权危机和社会不安现象时有发生。为此，政府将稳定经济作为首要目标，并跟国际货币基金组织签订了三年的经济发展合作方案，进而帮助其调整经济的发展模式。其中，1976—1978年的整体经济措施以稳定和财政紧缩为特点，通过紧缩开支、减少赤字、鼓励私人投资刺激外贸出口、抑制通货膨胀等措施使经济危机慢慢减缓。在这些政策措施的共同努力下，国家经济开始得到稳步提升，通货膨胀率下降24%，国际贸易形势良好，进口降低2.4%，而出口则提高33%。然而，由于对外向国际开放经济，对内紧缩财政，减少社会

---

① 1970—1976年，政府开支从402亿比索增至1920亿比索，财政赤字从66亿比索增至611亿比索，六年间两者分别增长了3.8倍和8倍多。

② 李春辉等主编：《拉丁美洲史稿》第3卷，商务印书馆1993年版，第139页。

开支，波蒂略政府虽然得到了跨国资本和本国银行家的支持，却加强了劳工和民族工业家的不满。

1978 年开始，随着墨西哥的石油勘探取得重大进展，波蒂略政府放弃了原来行之有效的紧缩政策，开始转向执行以债务为基础的高增长计划。① 20 世纪 80 年代，墨西哥政府提出紧密围绕石油类重工业发展的经济发展计划，促进实现墨西哥到 1990 年建设工业企业并成为工业强国，从而帮助全国经济得到快速缓解和复苏。政府出台的政策很多都是站在支持、鼓励和引导角度上，其中包含了政府支持和补助、海关保护、能源优惠等，有利于促进全国各个行业的快速发展。在最初的石油高价背景下，该计划可以被称作以石油出口为动力的进口替代工业化计划，然而，从 1979 年开始，波蒂略政府石油收入增加了对所有经济、工业以及社会领域公共部门的开支；此外，利用适当提高工资也可以降低通货膨胀带来的负面效果，这种收入提高方式可以通过发放奖金、提供补助等实现，同时还可以制订严格的产业发展计划并实施，进而提高资本的运作效率和员工的收入水平；通过推动进口替代工业化和少数关键出口部门的快速经济增长，1978 年到 1981 年，墨西哥国内生产总值年均增长率上升了 8 个百分点，其经济增长幅度非常明显。此后，经济的逐步复苏为各行各业开始投资建设提供了自信心；同时许多国外资本也开始加大对墨西哥政府和企业的支持，进而大大增强了墨西哥金融产业和工业产业的发展热情。

然而，由于公共事业的发展以及工业企业的运作都需要大量的资本支持，所以政府和社会各界都承受着巨大的经济压力和资本负荷。1980年，政府对石油产业的投资力度空前加大，其投资份额占公共事业份额的 30.3%，站在全国投资总额的角度看也达到 12.7%。巨大的石油前期投资开销使政府还没有得到收入就已经承受了很重的资本压力，所以政府赤字现象更加严重。到波蒂略政府后期，贸易和财政的双赤字问题一度使政府危机频发，在短短三年间贸易赤字和财政赤字就翻了好几

---

① 1978 年墨西哥因为新探明蕴藏的巨大石油资源，在各国际银行提供充足贷款的基础上，转向以外债开发石油工业促进增长的发展战略，其中包括《1979—1990 年工业发展计划》《1980—1982 年农业发展计划》《1980—1982 年全面发展计划》。

倍。加之，政府根本无力弥补这一空缺，所以只能一味地引入外资和举借外债。[1] 1976—1982 年，墨西哥的外债规模从 196 亿美元节节攀升，特别是 1980 年后加速上升至 1982 年的 860 亿美元以上[2]，占生产总值的 52.5%。在墨西哥面临的中长期债务越来越严重的过程中，其经济发展毫无活力，所有的收益不能投入到新一轮的生产发展中，只能将其用作还债，例如在 1982 年还本付息的资本就占出口收入总值的一半以上。这一数值已经超过了国际设立的借债警戒数值，波蒂略建立在大量的公共支出和举借外债基础上的力图使所有阶级满足的努力，最终走向危机。到 1982 年，石油价格开始下降，这一形势更加打击了国内经济发展的积极性，许多国内资本为了规避风险开始流向国外。而其他发达国家在石油危机的刺激下也开始出台相应的政策，在利息提高和保护主义等措施实施后使墨西哥承受的债务越发严重，所以墨西哥政府只能承认其无力偿债，债务危机爆发。

总体而言，墨西哥 20 世纪执政的两届政府都是依靠外债来支持本国经济发展的，并且没有相应的解决方案缓解这一问题。埃切维里亚政府在储蓄不足并且税收改革失败的背景下，还是利用举借外债的方式来建设公共事业和工业产业，这种发展战略大大加重了墨西哥政府的赤字问题，经济发展极度脆弱。波蒂略政府虽然进行了一定的调整，但是施行效果依然不够理想，它将石油的预期收益作为抵押，推行相应的发展战略和实施计划。但是这一政策具有很大的缺陷，它对石油产业的依赖性很强，所以之后在石油产业崩塌后，墨西哥经济完全溃败了。从根本原因上来看，最终爆发的债务危机，其本质是由替代模式发展经济而引发的经济危机。为了解决该发展模式带来的经济发展问题，埃切维里亚政府颁布了分享发展政策。但是当时墨西哥国内经济形势很差，双赤字问题没有解决的同时，社会产业和经济都没有足够的稳定性支持该战略的实施，所以只能再一次以失败告终。波蒂略政府在此基础上，设法改变以往的发展策略，但是在经济稍微得到改善后便鲁莽地提出了以石油

---

① 曾昭耀主编：《现代化战略选择与国际关系》，社会科学文献出版社 2000 年版，第 96 页。

② 1977 年为 292 亿美元，1978 年为 262 亿美元，1979 年为 280 亿美元，1980 年猛增到 573 亿美元，1981 年又上升到 782 亿美元，1982 年达到 860.19 亿美元。

资源和相关未来收益作抵押的发展策略。与此同时，政府为了获得民众的支持和暂时的经济成果而大量举借外债，在石油产业崩塌后，其经济危机就更加严重了。

1981 年国际石油价格下降引起外资抽逃，"经济石油化"发展战略突然崩溃，政府同年连续缩减公共开支，最终因国际银行停止对墨西哥信贷，大量政府债务到期无法支付，国家公共财政倒账①，债务危机爆发。

这一时期墨西哥发展模式调整频繁，财政政策总体呈现变动性强、形势极其不稳定的特点，最终由财政悬崖走向财政崩溃，深陷经济、政治与社会的全面危机中。税收制度方面，波蒂略政府在 1977—1980 "石油繁荣"的阶段进行了重大改革，取得了一些成绩：用增值税替代商业税，从而取消了 32 种消费税和 500 多种地方税，1981 年三类主要税收占 GDP 比重分别为：直接税占 37%、间接税占 33.5%、对外贸易税占 30%。此外石油公司上缴利润和税收在财政收入中所占比例不断上升，达到 70% 左右，联邦政府经常项目也区分出"石油收入"与"非石油收入"两类。1983 年墨西哥国外应付债务利息已占支出的 37%。

四 新自由主义理论下的转型发展阶段（1982—1994 年）：由债务危机到财政重建

到 1975 年，墨西哥的国民人均 GDP 已经达到 1000 美元，在五年的经济发展后已经达到 2500 美元，经济水平和综合实力都得到了较大的提升。如前所述，第二次世界大战后较长时间内（1955—1970 年）创造的"墨西哥经济奇迹"的"稳定发展"时期，墨西哥的实际 GDP 年平均增长率高达 6.7%，而年通货膨胀率仅为 3.8%。然而，1982 年墨西哥债务危机爆发后，年 GDP 增长率下降 0.5%，自 1932 年以来首次出现负增长。通货膨胀方面则飙升至 98.8% 的高位，高于 1927—1981 年始终保持的 10%—20% 的通胀率，危机还蔓延至整个拉美地区，

---

① 1982 年墨西哥政府突然宣布银行国有化加重了市场恐慌，同年墨西哥经济增长率也由 8% 跌至 0.5%，公共部门总财政赤字占 GDP 比重高达 18%，每年应偿外债 133 亿美元，通货膨胀达到 60%，"债务危机"爆发。

形成拉美 80 年代"失去的 10 年",拉美各国纷纷开启"新自由主义"的改革。

墨西哥案例非常具有典型性:在新自由主义模式的转换中,它虽然不是最早进行,却是最激进和彻底推行的,从 1982 年"债务危机"的财政破产到 1994 年"金融危机"爆发,墨西哥经过德拉马德里政府(1982—1988 年)与萨利纳斯政府(1988—1994 年)两届政府的自由化改革,至 1994 年基本完成了发展模式的转型,同年加入北美自由贸易区,成为改革速度激进和改革程度彻底的样板,也通过这种"休克疗法"成功实现了"财政重建"。

(一)德拉马德里政府(1982—1988 年):私有化与高财政成本的经济模式转型

1983 年德拉马德里政府与 IMF 重新谈判外债,将短期债券都换作了中长期,也就是说,把还债日期往后推迟了十年以上;同时紧缩财政削减公共开支,实行除石油公司、电力工业、通信和铁路、银行等战略部门以外的国企私有化。1987 年推出"一揽子经济"措施"经济援助协议"来抑制可能高达 135% 的通货膨胀和 18.5% 的财政赤字。德拉马德里执政期间墨西哥经济的发展模式产生了巨大的改变,希望借此促进国内的经济发展状况。

(二)萨利纳斯政府(1988—1994 年):财政紧缩与恢复盈余

1989 年萨利纳斯执政后,通货膨胀有所缓解但财政负担依然沉重。他迅速采取一些目标明确的行动,第一年将取得一定效果的"经济援助协议"更名为"经济稳定与增长协议"并进行制度化,紧接着在"布雷迪计划"的实施过程中,墨西哥政府开始加强国际债务谈判,1990 年成功将 200 亿美元私人银行债务转换成 30 年期长期固定利息债券,减免总额度并降低利率,从而大大减轻财政负担。此外,进一步加大私有化力度,出售范围扩大到航空公司、钢铁铜矿、电话公司等骨干企业,从 1991 年 6 月至 1992 年 7 月 13 个月内完成了 18 家商业银行私有化。1989 年以来总私有化收入高达 250 亿美元,同时降低对亏损企业的补贴,对财政和税收制度进行改革措施,其中包括降低税率、加大税基、增强征税力度以增加收入,同时缩减行政开支;财政状态得到了根本性的改善;到 1992 年墨西哥财政扭亏为盈,基本实现收支平衡,完成了"财政重建"。

在私有化和财政重建的基础上，1993 年墨西哥对金融系统进行了重大改革。政府修改宪法确认了中央银行的独立性和职业性，取消法定准备金制度和央行统一利率制度，以稳定货币购买力为基本货币政策目标；同时大力发展证券市场，还颁布了更加完善的外资法，其中规定石油类重工业国有部门均向外资开放，参股比重可达 100%。至此，墨西哥完成了国内市场从产业到金融市场的全面开放。

总体来说，这一时期墨西哥经济改革的成绩非常好，主要体现在以下几点：第一，在萨利纳斯政府执政期间，墨西哥的 GDP 得到了大幅度增长；第二，大大缓解了政府赤字的财政危机，1982 年政府的赤字占生产总值的 17%，十年后已经实现了 1.6% 的财政盈余份额[①]；第三，通货膨胀率在其执政期间，从原来的 180% 下降到 7%；第四，国家经济发展对石油产业的依赖程度大大降低，从原来占总收入的 75% 下降到正常水平，在 1994 年只占 14%；第五，经济复苏后开始有外国资本流入墨西哥，进而支持其他各行各业的发展；第六，政府承担的外债压力开始得到缓解，到 1994 年时从原来 340% 的负债率下降到 192%，成效显著。

五　财政政策目标、运用与体制特点

（一）财政政策目标与运用

墨西哥这一时期的财政政策目标，运用与特点十分鲜明。政府一直都非常注重社会就业问题和收入分配问题，所以大部分财政资金都会用于解决这些问题。但是在政府不断支出资本的同时，没有科学合理的税收制度支持财政收入，所以大大加重了财政赤字问题。在这样的形势下，政府开始构建税收体系和相关的立法机制。政府希望通过税收来增加财政收入，并同时减少补助优惠政策来减少财政支出，进而实现财政资本的稳定增加。具体的措施包括减少税收优惠、加大税基、严格征税等，同时还要对政府机构和公务人员进行监管工作。[②] 此后，墨西哥各

---

① 江时学：《墨西哥的经济改革及其启示》，《太平洋学报》1985 年第 3 期。

② 陈兴才：《略论墨西哥国家经济职能的转变》，《复旦学报》（社会科学版）1994 年第 2 期。

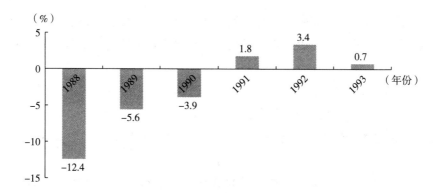

图2-1　1988—1993年墨西哥公共财政占GDP比例

资料来源："Reforma Fisacal y Su Impacto en Las Finanzas Estatles y Municipales en el Estado de México", México, UNAM y Miguiel Ángel de Porrúa, 2011, p. 135。

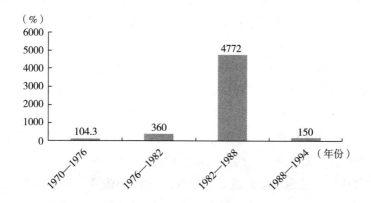

图2-2　1970—1994年墨西哥通货膨胀历届政府对比

资料来源："Reforma Fisacal y Su Impacto en Las Finanzas Estatles y Municipales en el Estado de México", México, UNAM y Miguiel Ángel de Porrúa, 2011, Anexo estadístico。

届政府总体奉行"赤字财政"的理念，该理念认为适度的赤字可以提升经济发展活力，只要在预算上控制合理即可。20世纪60年代末，墨西哥政府的财政赤字只占生产总值的2%，但是随着错误的经济发展政策的引导，外债压力攀升，支出大量增加，其占国民生产总值的比例逐年提高，1981年财政赤字占GDP比重骤然上升至14.7%，1982年再次攀升至17.6%。1984年1—6月，墨西哥公共赤字总额达7.048亿比索，赤字压力十分大，所以不得不向国外借贷2.506亿比索；另外国内货币政策财政化，向中央银行借款 840 亿比索，此外还发行国库券、向其他银行系统筹款。由于墨西哥政府连年向银行系统大量借款，从而使货币发行量快速增加，从而引发通货膨胀。

（二）财政体制特点

这一时期，从财政体制来说，主要表现出以下三个方面的特点：

1. 建立联邦政府、地方（州、市）政府两级财政管理及工商部门参与国有企业财政统一调度的较完善的财政体系

依据宪法，墨西哥基本建立起联邦政府、地方（州、市）政府两级财政管理机构及相应的管理制度。其中，联邦政府的财政收入由公共信贷部负责管理，财政支出由预算机构管理；各州政府收入规模较小，拥有自己的派出机构并享有一定的管理权限，例如负责征收包括不动产税、薪金税（主要向雇主征收）、不动产交易税、经营资产税以及其他各种产权登记、经营许可证发放等；此外还负责处理联邦政府的财政转移支付、补贴等业务。

针对国有企业，譬如由于墨西哥联邦政府的公共收入约 1/3 的财政收入来源于石油产业，特别是对墨西哥国家石油公司等国有企业，由工商部门参与对其财政进行调度统一。

2. 通过 1980 年《税收协调法》及若干次税制改革统一简化税制与国际接轨，加强中央财政权力，建立较完善的税制体系

1980 年，墨西哥国会通过《税收协调法》改变了原本实行的税收独立立法权，政府依法对税制结构进行了大范围调整。依据改革，联邦政府部分税收取消、各州保留征税权但税种大大缩减，此外开征增值税以简化产品税征收。自此墨西哥全国税制基本统一，改变了原来税种名目繁多、重复征税的现象。1986 年、1988 年，墨西哥政府又两次颁布税制改革法，形成以所得税和增值税为主体的复合型税制结构逐渐与国际接轨，其中公司所得税由联邦政府征收，税率相对较高起初约为40% 以上，后逐渐有所下降；个人所得税按照累进边际税率纳税；增值平均税率为 15% 左右，最高 20%，最低 6%；此外还有财产税、进出口关税以及针对矿产资源和特殊商品及服务征收的税种，例如对酒精饮料、烟草、汽油、电信服务和汽车征收的消费税。

通过改革，墨西哥的税收体制逐渐完善，中央财政权力得到了加

强。从财政总收入来看，直接税收占其总额约 1/3，剩下均为间接税收，中央掌握收入的绝大部分，其直接和间接税收收入以平均 18% 左右的比例与州及以下政府分成；从支出来看，中央财政支出约 50% 用于偿还内外部债务及转移支付，通过该财政转移支付机制，联邦政府收入相当部分转移到地方使用。总体而言，地方政府财政收入规模较小，对联邦政府财政呈现较强的依赖性。[①]

3. 实行中央银行与财政统一的财政金融管理制度，货币政策财政化特点鲜明

尽管墨西哥早在 1917 年宪法中已确立了中央银行的特殊地位与作用，并于之后又建立了墨西哥银行，但截至这一时期墨西哥国家货币发行审批权仍然归属财政部，金融监管机构各项工作均需要由财政部参与和批准。这一中央银行职能归属财政部门统筹管理的财政金融体制后期直到 1994 年才得以打破。

总体来说，在银政统一的制度下，墨西哥货币政策财政化的倾向比较显著。例如 1982 年债务危机发生后，墨西哥实施外汇管制和银行国有化，全国 60 家合并为 27 家，仅保留花旗银行和工人银行两家私有银行；财政部通过银行系统的支持，在债务危机发生后为工业企业提供融资，避免了国内工业生产的大面积倒闭。此外，80 年代墨西哥银行体系（除全国金融公司外）50% 的存款交存中央银行，由财政部给付50% 的利息，用以弥补国家财政赤字。

第三节　1994—2014 年墨西哥政府财政政策选择：特点与问题

从 1994 年墨西哥金融危机开始，近 20 年来拉美各国在不同的道路上继续探索前行，也在区内一体化和区外国际经济合作上不断创新实践，各国财政之路也如同发展改革之路一样，各有不同。无论是 20 世纪 90 年代末，2003—2006 年增长周期，还是在金融危机及后危机时

---

① Miguiel ángel de Porrúa, "Reforma Fisacal y Su Impacto en Las Finanzas Estatles y Munici-pales en el Estado de México", México, UNAM, 2011, p. 204.

代，各国财政状态演进及财政政策的选择都各有特点。墨西哥作为与南美洲巴西比肩的第二大经济体，由于其经济结构、发展方式与南美各国的区别，在这 20 年来也走过了独特的财政改革之路。在 1994—2014 年这 20 年的财政政策实践中，墨西哥伴随着四届政府的更替，进行了数次财政改革，也在三次经济衰退中采取了不同的财政应对措施。每一阶段都有鲜明的理论主张作为指导，也有具体的行动目标，实现了从财政混乱到财政稳定，从财政顺周期到逆周期的转变，也在拉美率先面临后危机时代的财政恶化。我们考察历届政府的财政选择演进，将能够观察到新自由主义改革后的墨西哥面临怎样的财政问题，如何作出财政政策选择，其背后的理论逻辑如何，财政政策和改革的实施效果怎样。1994—2014 年墨西哥各界政府改革如下：

一 塞迪略政府（1994—2000 年）：紧缩财政克服危机，实施金融改革，稳定新自由改革波动

危机爆发后，为克服银行危机，政府实施了削减政府开支和提高税率的财政调整，是比较典型的财政顺周期案例。具体措施有：将增值税从 10% 增加到 15%，提高燃料价格；增加对银行界和债务人的援助，推出金融拯救计划，该计划通过对银行拍卖重组，收购或核销呆坏账等方式完成对商业银行的救助。在稳定银行危机之后，墨西哥加强了财政纪律，对政府支出、财政赤字和公共债务进行了严格限制，1998 年墨西哥设立了石油稳定基金；同年加强对油价反应机制，在油价下跌时主动采取削减石油出口，3 次削减公共开支等措施防止财政赤字扩大，1999 年墨西哥养老金实施私有化改革。

1995 年，在银行危机影响下，墨西哥 GDP 增速降幅为 6.9%，与阿根廷经济一同陷入严重衰退；但在美国和 IMF 的援助以及自身财政和金融调整下，第二年年底开始总体经济局面趋于好转：金融市场恢复稳定，通货膨胀率大幅下降，外资出现回流的迹象。1995 年年初墨西哥国际储备为 50 亿美元，年底增加至 150 亿美元，墨西哥在两年内成功地克服了金融危机，并在 1996 年恢复增长，增长率为 5.2%，1997 年进一步上升至 7%，1998 年、1999 年和 2000 年分别为 4.5%、3.5% 和 7%。平均来看，1996—2000 年墨西哥经济连续五年增长率超过 5%。

由此可见，1992 年作为新自由主义改革样板的墨西哥，在面对激进改革带来的危机时，首要经济目标锁定为财政和经济稳定。其危机后补偿性的财政措施和全面的金融改革政策相配合，产生了良好的政策效应，在贸易自由化和私有化持续推进过程中，稳妥应对了危机，恢复了经济的增长。在中长期规划方面，塞迪略政府一方面大面积开展金融改革，开启社会保障改革推进新自由主义改革；另一方面把税收改革、结构改革、反贫困和促进科研提上日程。这反映了一种新自由主义和国家干预并重的经济改革理念，墨西哥财政政策服务于整体经济战略和模式，对新自由主义负面影响进行的反思，着眼于一条更加独立自主和务实可行的财政之路。具体的措施有：

1995 年 5 月，颁布《1995—2000 年国家发展规划》，加强农业产业发展为主的结构改革，促进科学教育投入提上日程。该规划强调以下几点：①采取切实可行的措施推进社会发展，缓解社会不公，改革社会保障体系（承诺国家两大社保机构不私有化），改革退休养老医疗制度，且将克服"贫困化"当作当务之急。②成立农业内阁部际委员会，加强农业发展，调整经济结构，在仍然坚持外向型发展的基础上，改善出口，消除贸易和国际收支逆差。③在克服金融危机的基础上，继续结构改革。④对金融、投资、税收体制进行改革，提高国民储蓄率，减少资金的外部依赖。

1996 年在稳定住经济形势之后，塞迪略政府开展了大面积的金融改革：①改革汇率政策，不再实行固定汇率政策，而是实行自由浮动汇率政策；②政府在 1998 年 3 月提交议会审议通过了《墨西哥银行法》《联邦公共行政组织法》及《全国银行和证券委员会法》修正方案，并决定从 2000 年起正式实施。这些法案实质上扩大了中央银行的权限，汇兑和汇率政策经改革后由原来的财政部管辖划归到中央银行管理，中央银行成为兼具货币的制定实施和汇率利率政策制定实施的唯一职能机构。全国银行和证券委员会的职权也得到进一步扩大，加强了对金融市场的监管功能。[1]

---

① 徐世澄：《简析 1982—2003 年墨西哥的经济改革和发展》，《拉丁美洲研究》2003 年第 6 期。

1997 年塞迪略政府针对贫困问题提出"进步"计划，其目的就是防止贫困进一步恶化，通过对农村地区的覆盖在现金补助的方式下缓解该问题加剧。此外，也侧面刺激了适龄儿童入学和体检的落实，加大了社会性支出。

1999 年，政府颁布《促进科研法》，通过财政鼓励促进公共部门和企业的知识投资和技术革新能力，同时为增加生产和就业持续增长，政府加大教育资金投入，特别是对基础教育的投资。

这一时期墨西哥财政状况主要存在的问题有：

第一，截至 1999 年墨西哥金融拯救计划花费 700 亿美元，基本稳定了银行危机，但付出了相当于 GDP 20% 的财政成本。

第二，财政顺周期性强，紧缩性财政削减了公共支出，提高税率及公共投资实际支出有所下降直接影响了对建筑、交通、能源和通信等生产性行业的投资。

第三，随着公共债务在 GDP 中的比重从 1994 年的 26.8% 和 1995 年的 32.4% 下降到 1999 年的 15.8%，私人型外债却在不断增长，私人企业因为外债问题导致经营困难甚至破产。

此外，塞迪略任期内私有化、资本开放都进一步扩大，允许外资进入银行业。虽然汇率采用的是自由浮动制度，但是本国比索持续高估，大大影响了出口贸易，导致逆差不断增加。

二　福克斯政府（2000—2006 年）："全面财税改革"与深化结构改革

福克斯政府执政后实行稳健的财政政策，降低公共开支，增加税收。在延续上届政府促进经济增长及继续对外开放的基础上，制定了《2001—2006 年全国发展计划》中期经济的发展性战略措施，根本目的在于提高经济增长率，政府要在控制通胀率的前提下，对经济结构做出深入改革。一方面要注意积累资本，另一方面要重视技术对于生产的重要作用，在人力资源和基础设施中加大投入。

为实现总体目标，在财政方面，2001 年 3 月福克斯向议会提出全面财税改革方案。其宗旨是：努力平衡预算，坚决打击偷税漏税，进行税制改革，提高税赋的行政改革。货币方面，为反通货膨胀制定了较为严厉的货币政策。通过流通市场中的比索抽撤来实现货币流通量的减少，每天都有 3.1 亿的比索被抽撤。此外，墨西哥银行业开展重组，允许私人资本在行业内发挥主导作用，同时为企业恢复生产经营提供相应资金，增加长期的储蓄。公共部门也利用资本市场通过股票发行获得融资。金融系统的独立性增强，同时对于金融市场的变化监管也随之加强，大大促进了金融体系的现代化发展。除了以上行为外，对于私有化、贸易投资自由化等都有进一步推动。政府对于能源部门进行重点改革，鼓励私人资本对电力和石油进行投资，政府每年在能源部门的投资占 GDP 的 3%。宣布在经济部新设立中小企业局，增加对中小企业的支持。其中有两项计划与中小企业息息相关，分别支持中小企业和微型企业，拨款数额为 5 亿比索和 2 亿比索，同时也给予这些企业必要的技术援助和贷款支持。

可见，福克斯政府在上届政府基础上，加大了自由化和结构改革的力度，同时实施稳健的财政政策，增收节支，中长期推动能源和中小型企业改革，着眼于资本积累和技术进步。2000—2006 年，墨西哥 GDP 增长率分别是 7%、-0.1%、0.9%、1.5%、4.1%、3.3% 和 5%。[1] 其中 2001 年的负增长主要是受美国 "9·11" 事件及经济不振影响的一次衰退，墨西哥客户工业和旅游业受打击较大。2002 年后恢复中速增长，其中 2002 年墨西哥提前偿清总额达 5.89 亿美元的布雷迪贴现债券，同年石油价格上涨，石油出口收入增加帮助墨西哥实现了财政盈余。外债方面，墨西哥 2004 年累计外债总额 1305.31 亿美元，外债占出口收入比率为 65%，相较 2001 年该比率值 85% 呈现较大幅度下降，债务压力减轻。[2]

总体而言，在这一届政府任期内，我们看到墨西哥财政最终摆脱了债务，2002 年实现财政盈余，但也观察到墨西哥自金融稳定后宏观经济和财政形势都发展出对石油和美国的依赖度，受外部波动影响较大，日益成为北美经济体的一部分，而与拉美经济体渐行渐远：国内北方客户工业增长迅速，技术和资金直接依赖美国市场，出口目的地和产品结构集中度都很高；与此同时国内生产体系受到贸易自由化影响陷入危

---

① CEPAL, "Estudio Económico de América Latina y el Caribe", Santiago de Chile, 2006.

② CEPAL, "Estudio Económico de América Latina y el Caribe", Santiago de Chile, 2005.

机，农业在 NAFTA 巨大冲击之后形势恶化，工业因私有化以及研发能力不足缺乏竞争力，结构性缺陷逐渐显现。

福克斯政府较早意识到了这些问题，在任期内力推结构改革，2002年墨西哥确定了 12 个优先产业。财政生产性支出所占比例上升，结构改革导向较强。此外，在社会减贫方面 2002 年福克斯总统将"进步"计划更名为"机遇"，该计划在墨西哥财政预算中占据了最大比例，2000 年预算数值为 8.2 亿美元，七年后该预算达到了 36 亿美元。计划覆盖区域不断从农村扩大到城市，对象扩大至高中学生。

这一时期的主要问题有：①财政顺周期性依然明显。②财政开支结构失衡，仍以非生产性支出为主，且绝大部分财政支出用于公共雇员工资和社会保障，其中墨西哥处于拉美最高水平，约占总支出的 45%。

三 卡尔德龙政府（2006—2012 年）：扩张财政应对全球风险与后危机财政形势恶化

2007 年拉美实现连续第五年增长，在南锥国家①继续释放活力，巴西全面提速增长时，墨西哥率先进入经济下行，GDP 增长下降 1.5 个百分点，仅为 3.3%，低于地区平均 5.6%。同期，至 2007 年公共财政连续五年实现了超过 2% 的初级盈余。国内投资和消费也稳步增长，2007 年固定资产投资占 GDP 比重达 23%。外债总额较 2006 年略有增长，达 1229.4 亿美元，联邦债务总额占 GDP 比重为 22.9%。②

卡尔德龙政府执政伊始，2006 年国会通过了《预算与财政责任法》，进一步强化各级政府财政纪律。2007 年 9 月卡尔德龙政府推出公共财政改革方案作为增收的主要举措，3 月通过公务员社会保障改革作为减支的政策之一。其中卡尔德龙的公共财政改革目标是扩大税基，减少税收豁免和打击偷漏税行为，具体措施包括六个方面的内容：

（1）2008 年起实行统一企业所得税，初期税率为 16.5%，2009年和 2010 年逐步提高到 17% 和 17.5%。企业所得税为新税种，目的是将

---

① 南锥国家，是指南锥体（CONO SUR）国家，包括南美南端经济最发达、白人人口比例最高的智利、阿根廷、乌拉圭、巴西和巴拉圭。

② CEPAL, "Estudio Económico de América Latina y el Caribe", Santiago de Chile, 2008.

非正规部门纳入缴税对象，企业可选择缴纳该税种或净利润所得税，税率为28%。

（2）新增5.5%燃料税，开征这一税种预计将增加227亿比索财政收入，这些收入直接由州政府支配，同时冻结燃料、电力和天然气价格，从2007年9月29日至2008年年初防治税收转嫁。

（3）税收管理改革，在促进正税减少偷漏税的同时，从2008年6月1日起对非正规部门现金存款额实行征税。起征点由原来的月现金存款累计金额超过2万比索提高至2.5万比索，税率为2%。

（4）公共支出改革：建立目标导向型支出模式，改善三级政府支出效率和透明度，为州市两级政府提供更有效转移支付工具和激励措施，在中央和地方税收协调法基础上，推行新的财政联邦主义"共享收入基金和市政发展基金新模式"增加地方政府在创造就业和征税管理方面的刺激。

（5）对墨西哥石油公司进行财务改革，降低税收负担，使利润更多用于再投资和技术创新。改革后对其征税税率从2007年的79%降为2008年的74%，2009—2012年预计逐年下降0.5个百分点；同时维持支出抵扣优惠和开采投资鼓励政策；另外将对石油收入征收附加费用于仍有生产潜力油田的再开发；最后在能源部监督下进行从2008—2012年的"经营效率改进计划"。

（6）新增财政收入分配方案：联邦政府希望通过改革维持预算平衡，实现《国家发展计划》中优先增加基础设施投资，提高人力资本，促进经济增长的效率和创造就业的目标。为此，改革方案规定1200亿新增收入中，用于改善基础设施的支出占76.6%，为634亿，能源部门新增公共投资为302亿，然后依次为交通和通信、电力、水利。在社会政策和人力资本方面，依次为教育、医疗、市政安全、支持落后地区发展。

公共财政改革对墨西哥产生了积极影响，政府大规模基础设施投资将提高生产效率，降低商业成本；另外，新的税制准许企业所得税进行当期抵扣，有利于投资增长。国际评级机构认为改革大大降低了墨西哥财政的脆弱性，缓解了财政收入对石油的依赖。

此外，福克斯政府时期，在能源开采和勘探方面墨西哥已存在投资不足的问题。至 2008 年油价高企，作为传统的产油国和出口国，墨西哥不但没有受益，相反汽油等石油成品进口急剧增加，墨西哥石油公司利润减少也引起公司扩大再生产能力下降，而深海石油开采急需外国资本和技术，墨西哥财政收入结构还很大程度依赖石油收入，以上种种原因致使卡尔德龙政府经过简单的能源改革大辩论，于 2008 年 10 月推出革命制度党比较中性的墨西哥石油公司私有化方案和能源改革方案。该项改革放宽了该公司自主经营权，允许适当利用外资引进勘探技术，虽然改革力度不大，对提高生产能力作用有限，但是迈出了私有化改革导向的第一步。

随着经济增长放缓，墨西哥财政部认为，墨西哥未来增长主要动力来自新政府大规模基础设施投资计划，主要集中于公路、水利、港口和能源等，政府计划未来六年对基础设施投资增加 50%，达到 2500 亿美元。2008 年，墨西哥增长进一步下滑至 2.0%，与加勒比国家成为经济增长率低于 2% 的六个国家，受到冲击最大，南美的智利和哥伦比亚增长显著下降。2009 年墨西哥经济增速进一步快速下滑至 -6.0%。拉美主要国家开始采取了稳健的货币政策和包括减税、增加补贴、加大基础设施建设投资在内的积极的财政政策调整应对危机。

为了阻止经济快速下滑，卡尔德龙政府部门从 2008 年起放弃了前一年财政改革的一些措施，转向采取了"双松"政策，财政方面和拉美其他国家一样减税增支，墨西哥力度较大，同时采取了个人所得税和企业所得税减免措施，并通过扩大投资拉动内需。2008 年 10 月推出"刺激增长与就业计划"，具体包括 5 项措施：①扩大和重新分配公共支出，增拨 50 亿美元投入基础设施建设；②对基础设施投资制定特别财政规则，增加支出灵活性；③扩大墨西哥石油公司融资自主权，建设原油精炼厂；④加大中小企业扶持；⑤简化外贸报关和外资在墨设立外企手续；12 月推出新的公共投资计划，把住宅建设列为重点；2009 年上半年，除了通过对汽油价格冻结和降低电费、液化气费用等措施来刺激消费外，对贫困家庭的房屋购买或是居住条件改善活动划拨了 5.5 亿美元的资金。同时政府还支出 5590 万美元对家用电器的以旧换新计划予以支持，从而全面提高贫困居民的生活条件水平。在企业方面，对经营遇到困难的公司提供 1.5 亿美元的救济资金。另外，墨西哥产业政策调整也成为反危机的重要内容，墨西哥湾石油资源开发计划加紧制订。货币方面，危机爆发初期央行即公开抛售美元，稳定比索币值，并从2008年1月21日起，中央银行货币政策操作目标正式由2001年起的通货膨胀目标制转向利率目标，开始连续降息，2009年半年基准利率便从8.25%降至4.75%，2009年墨西哥财政部和央行分阶段向商业银行注资12.81亿美元鼓励扩大信贷改善融资环境，央行还推出60亿美元互换计划将短期可变利率证券转换为长期固定利率证券，延长银行贷款还本付息年限。

这一轮危机期间，卡尔德龙政府2008—2009年上半年密集的反周期性财政政策取得了成效。但是从2009年7月开始，墨西哥财政收入出现巨大资金缺口，随后政府不得不对财政刺激计划进行调整，削减了64亿美元支出，并新提出一系列增税措施：对所有商品（食品药品除外）加征1%的增值税，对电信业征收3%的服务税，暂时性将个人所得税由28%提高到30%。反周期性财政政策在墨西哥率先退出。2010年墨西哥较拉美全区较晚恢复经济增长，重回5.6%，2011年随拉美整体增速放缓，墨西哥增速再次下跌至4%，与巴西（2.9%）一道，两大国显现颓势。[①] 2011年墨西哥继续通过压缩行政经费减少财政赤字，同年世界经合组织（OECD）指出，尽管墨西哥的宏观经济和货币相对稳定，但对于墨西哥来说，在其石油出口下滑以前完成经济政策，特别是财政制度的改革至关重要，国内各党派应把国家利益放在首位，共同推动一个长期的、更加完善的财政制度。2012年拉美增速继续放缓，阿根廷和巴西降幅最大，墨西哥降至3.8%，在全区政府支出明显扩大，财政赤字上升，财政可持续能力较强的同时墨西哥财政状况持续下滑。[②]

可见，为应对危机，卡尔德龙政府的财政政策呈现出短期性，经历了"紧缩—扩张—紧缩"的调整，危机前的中长期财政政策无法持续推行，危机后财政形势恶化，尽管墨西哥平稳度过了金融危机的冲击，

---

① CEPAL, "Estudio Económico de América Latina y el Caribe", Santiago de Chile, 2011.

② 吴白乙主编：《拉丁美洲和加勒比发展报告（2012—2013）》，社会科学文献出版社2013年版。

但是国内财政体系矛盾也充分暴露。2009 年面对金融危机的影响，联合国拉美经委会（CEPAL）表示，墨西哥税收体系的脆弱程度在拉美地区排名第三，[1] 这直接导致了政府收入的减少，严重时甚至会造成政府无力清偿债务的局面，同时建议未来墨西哥政府应有针对性地推进财政体系改革，着重解决以下几个方面的问题：资本高度集中、收入差距扩大、人均收入减少和税收制度不稳定。

与此同时，从 20 世纪 90 年代后期"二代改革"开始，到 2008—2009 年经过国际金融危机的冲击，与许多拉美国家相似，墨西哥也一方面越来越认识到改变赤字财政对宏观经济、抵御外部危机冲击的重要性；另一方面也深刻体会到，已经取得的财政改革成绩还远远不够，财政改革而非财政盈余在推动结构转型，促进经济长期稳定和增长才是关键所在，[2] 而一个具有中长期视角的财政框架是必然的选择。从财政重建、财政稳定到新一轮财政波动，改革走到了新一阶段，无论是收入、支出、债务还是社会保障政策，都面临新的调整和改革以适应新的财政及经济发展总体目标，如何经由"财政稳定"走向"经济增长"之路，财政改革任重道远。

四 涅托政府（2012—2014 年）的财政改革

从 2009 年 7 月政府开始退出财政刺激计划，缩减财政赤字以来，至 2013 年受出口骤减及内需增长乏力影响，墨西哥总体经济形势从 2011 年开始持续下滑，2013 年全年 GDP 增长率仅为 1.1%，财政政策方面，为稳定增长最终突破年初新一届政府零赤字的承诺，占 GDP 比重达 2.4%；同时公共债务规模进一步扩大，占 GDP 比重攀升至 37.7%，宏观经济"双赤字"的状态导致财政形势进一步恶化。[3]

面对这一严峻形势，2013 年涅托总统执政初始，就宣布"墨西哥

---

① 《墨西哥财政改革举步维艰》，http://mx.mofcom.gov.cn/aarticle/jmxw/200906/20090606337903.html，访问时间：2013 年 3 月 1 日。

② Osvaldo Kacef, Juan Pablo Jiménez, "Macroeconomic Policies in Times of Crisis: Options and Perspectives", ECLAC, 2009.

③ 吴白乙主编：《拉丁美洲和加勒比发展报告（2013—2014）》，社会科学文献出版社 2013 年版。

没有实现充分的增长"，签订《墨西哥协定》，并相继推出财政改革和能源改革发案。旨在以财政政策为起点，以结构性转型为路径，推动墨西哥成为"一个祥和安宁、包容性强、高速增长的国家"①，具体措施和目标，包括"致力于每年国内生产总值增长6%左右的经济目标"，保持宏观经济的稳定；简化税收制度，减少非正规经济的规模；扩大税基，增加政府收入；增加基础设施的投资，鼓励银行借贷，给予中小企业更多的支持；提高农业生产率，降低粮食成本，减少贫困率等目标。

2013年涅托政府财政改革具体措施，包括取消企业所得统一税率和现金储蓄银行税，加大个人所得税累进性，最高个人所得税征收税率由30%提高到35%，加征股票利息收入税，税率为10%和非基础性高热量食品税，税率为8%，支出方面设立公共最低养老金标准。② 此外，由于墨西哥石油收入占财政收入超过30%，涅托政府能源改革备受瞩目，2014年8月墨西哥能源改革法案通过，触动长达76年国有化体制下的石油能源经营，墨西哥石油公司（PEMEX）和联邦电力委员会（CFE）改革为国有生产性企业，石油领域对外资实施开放，旨在吸引外资和技术扭转产量下降，效率低下等发展桎梏，两大国有企业的职工养老体制也将发生改变参与社会统一储蓄养老体系。根据《联邦预算和财政责任法》《公共债务一般法》，联邦财政将承担以粮价公司集体劳动合同修改为条件的30%左右的负债支付，SHCP对石油合作协议中的经济性可行度做出分析并负责确定，FMP则在石油的非税收入中作出管理分配工作，尤其是在私有资本开发难度较大的如深水和页岩气区块。③

涅托政府以财政改革和能源改革同时致力于推动石油产业的变革，加强能源行业竞争力，减少财政因石油价格的波动性；同时增加生产性投资，是较大幅度的结构性调整。这也必然为墨西哥公共财政管理能力提出新的挑战。公共财政的稳固是墨西哥经济发展的支柱之一，在新一

---

① 新华网：《四大国际机构会诊墨西哥经济谈实现包容性增长》，http：//world. huanqiu. com/regions/2013 - 01/3498241. html，访问时间：2013年3月1日。

② CEPAL, "Estudio Económico de América Latina y el Caribe", Santiago de Chile, 2015.

③ 《墨西哥能源改革的主要内容》，http：//www. mofcom. gov. cn/article/i/dxfw/nbgz/201408/20140800712963. shtml，访问日期：2014年12月20日。

轮以石油产业作为改革内容新增长方向的政策中，墨西哥的财政改革已经成为该国宏观经济结构调整中的重要部分，稳定宏观经济、促进增长、改善收入分配三大财政目标需要同时兼顾，财政框架与中长期经济状况特别是增长密切相关，而经济增长也将决定财政政策空间的大小和可持续性的强弱，因此互为因果，相互影响。当前在墨西哥总体宏观经济虽有下降但整体稳定，货币形势也处于比较稳定的时期，大力推进财政改革和结构调整，是极佳时机。

第三章　1994—2014 年墨西哥财政政策选择

——政策工具、特点与制约因素

第一节　1994—2014 年墨西哥政府财政政策：工具指标量化分析

进入 20 世纪 90 年代，墨西哥公共财政基本延续了自 80 年代以来世界范围内主张平衡预算以及削减国家在经济中作用的总体趋势，[①] 政府税收征收能力薄弱、世界范围内税收负担处于低位，成为墨西哥公共财政的显著特点。从政府公共财政收支结构来看，如图 3 – 1 所示，收入方面可区分非石油收入与石油收入，2011 年两者分别占公共财政总预算收入的 66.3% 与 33.7%，其中墨西哥石油公司（PEMEX）占联邦政府石油收入约 1/3；开支方面，项目计划内与计划外收入分别占公共财政总预算支出的 78.8%、21.2%，经常性开支显著高于资本性开支。[②] 从墨西哥财政工具体系中的财政收入、财政支出、财政盈余（赤字）、公共债务四大指标出发，1994 年以来墨西哥财政政策基本特点如下：

---

① Emilio Caballero Urdiales，"Política Fiscal e Inversión Privada en México"，México，UN-AM，2012，p. 63.

② Emilio Caballero Urdiales，"Política Fiscal e Inversión Privada en México"，México，UN-AM，2012，p. 63.

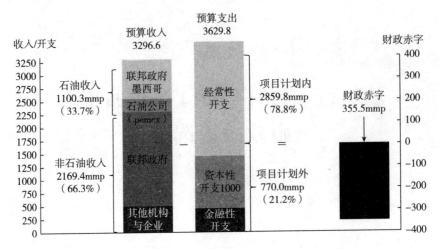

图 3 – 1　2011 年墨西哥政府预算收支与财政平衡

资料来源：参见 Emilio Caballero Urdiales，"Política Fiscal e inversión privada en México"，UNAM，2012，p. 71。

一　财政收入分析

2011 年墨西哥联邦政府预算总收入达 33 万亿比索，占 GDP 比重为 22.8%。[①] 税收是墨西哥公共财政收入的主要来源，如图 3 – 2 所示。

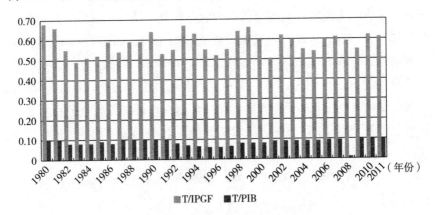

图 3 – 2　墨西哥税收收入占联邦总收入比重（1980—2011 年）

资料来源：依据墨西哥银行网站 http//www. bankxico. org. mx/politica – monetaria – e inflacion/estadisticas/otros – indicadores/finanzas – publicas. html 数据制作。

---

① CEPAL，"Estudio Económico de América Latina y el Caribe"，Santiago de Chile，2012.

税收占联邦预算总收入比重从1980—2011年始终保持在50%以上，并显示出持续的波动性。

墨西哥的第一大税种为所得税（ISR），2011年占税收总收入的55%，占全年GDP比重为5.2%。[①] 由于对该税种的税法及征收制度中对特定纳税主体、行业存在大量特别处理条款、减免和例外，墨西哥所得税征收中广泛存在偷税漏税现象，2010年经济合作组织报告显示，墨西哥所得税税收收入占GDP比重仅为5%，该数字低于墨西哥主要贸易伙伴美国（9.8%）、加拿大（15.2%）、OECD成员国平均水平为11.4%。同年联合国拉美经委会报告显示，该数字低于巴西（7.4%）、智利（7%），仅仅略高于拉美地区平均值。从历史情况来看，所得税征收一直保持较低水平，1982—1987年债务危机时期及1995—1996年金融危机时期，该数字分别为3.5%和5%，近年来没有大的改变。

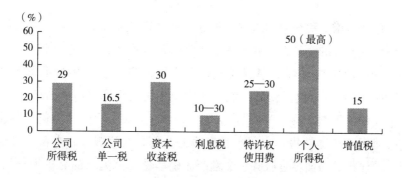

图3-3　墨西哥联邦政府主要税种及税率

资料来源：谌园庭编著：《列国志——墨西哥》，社会科学文献出版社2010年版，第170页。

墨西哥增值税（IVA）1980年正式引进税收体系，是20世纪下半叶墨西哥税收制度最重要的改革成果之一。该税种征收税率依据不同的商品和地区有所不同，最高征收率为16%，囊括所有商品和服务、不动产以及进口交易环节，而出口产品享受增值税征缴豁免。边境地区税率为11%。

---

① http//www. bankxico. org. mx/politica – monetaria – e inflacion/estadisticas/otros – indicadores/finanzas – publicas. html，访问日期：2014年8月1日。

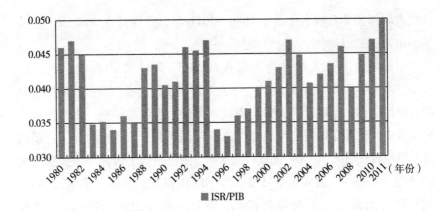

图 3 - 4　墨西哥政府所得税（ISR）收入占 GDP 比重（1980—2011 年）

资料来源：依据墨西哥银行网站 http//www. bankxico. org. mx/politica - monetaria - e inflac-ion/estadisticas/otros - indicadores/finanzas - publicas. html 数据制作。

　　墨西哥增值税征收实施"零税率"和"豁免商品"两项特别制度。其中纳入前者的商品在产业链各个环节均无须缴纳该项税收，纳入后者的商品在消费购买环节享受税收豁免。墨西哥政府对多种商品实施"零税率"计划，包括食品与农产品大类中可用作原材料生产的产品、非工业化生产农产品、"荣誉产品"（例如，药品）等。"豁免"制度主要适用于住房销售和出租、教育服务、公共医疗服务、书籍杂志销售、著作权、路面客运服务。金融产业中享受"豁免"的有抵押贷款、农业和渔业保险、联邦政府证券利息等。依据 2006 年 OECD 对 29 个成员国调查报告，其中 16 个国家实施增值税"零税率"计划，10 个国家税率有适当下调，仅仅只有 3 个国家没有任何税收优惠。

　　2009 年墨西哥消费税税收占 GDP 比重为 3.4%，[①] 仅高于美国（2%），但是远低于加拿大（4.3%）、OECD 成员国平均水平（6.7%）。在拉丁美洲地区内部，墨西哥总税收收入占 GDP 比重为 3.9%，远低于智利（8.1%）及拉美平均水平（6.2%）。尽管如此，总体来看，墨西哥

---

① http：//www. eclac. cl/publicaciones/xml/3/Anexo - estadistico. pdf，访问日期：2014 年12 月 1 日。

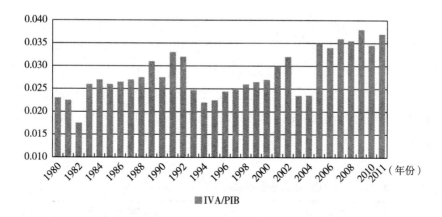

图 3 - 5　墨西哥政府增值税（IVA）收入占 GDP 比重（1980—2011 年）

资料来源：依据墨西哥银行网站 http//www. bankxico. org. mx/politica - monetaria - e inflac-ion/estadisticas/otros - indicadores/finanzas - publicas. html 数据制作。

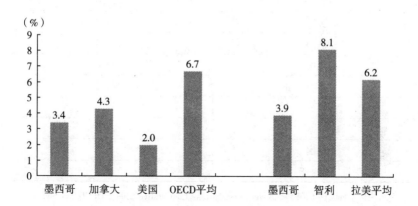

图 3 - 6　消费税征收、商品和服务税征收占 GDP 比重

资料来源：OECD 国家数据来自 OECD, Total Tax Revenue 2012, series 1000, 5111, 5120, 6000, 3000, 4000。拉丁美洲国家数据来自 CEPAL, Anexo Estadístico, http：//www. eclac. cl/publicaciones/xml/3/Anexo - estadistico. pdf, sobre la base de cifras oficiales, Cuadro A - 41。

增值税在总体税收体系中重要性在不断上升：1980 年增值税税收收入占 GDP 比率为 2.3%，1990 年提升为 3.3%，至 2011 年上升为 3.7%。上升幅度有限主要在于墨西哥联邦税务机构一贯优先征收所得税（征管便捷性、"税收中性"特征明显），2009 年由于金融危机影响下的经济收缩，增值税征收税率下调至 3.4%，2010 年又快速调升到 15%—

16%。墨西哥联邦政府因为越来越认识到所得税税收对国家经济发展的扭曲作用大于增值税，正致力于削减其在总体税收体系中的重要性。

2008 年墨西哥设立体育税（IEPS）与博彩税（IDE）用以应对墨西哥艰难的税收状况，然而尽管征收预期基本实现，总体上仍然没有显著改善墨西哥的税收状况，即仍然在全世界范围内位列税收负担最低国家。

表 3 - 1　　　　　OECD 若干国家税收负担对比（2011 年）

国家	占 GDP 比重（%）
OECD 国家平均	33.8（2009 年数据）
德国	36.3
加拿大	31.0
西班牙	31.0
美国	31.7
法国	24.8
英国	35.0
意大利	43.0
瑞士	29.8
日本	26.9
韩国	25.1
墨西哥	18.1

资料来源：OECD（2011），Revenue estaisticas：Comparative tables，OECD Tax Statictics（Database）。

非税收收入方面，主要来源为各类税费、私有化收入等以及包括墨西哥国家石油公司（PEMEX）、联邦电力公司（CFE）、墨西哥社保所（IMSS），以及墨西哥劳动者服务保险（ISSSTE）、国家铁路公司（Ferronales）、联邦路桥公司（CAPUFE）、机场与辅助服务（ASA）、国家彩票 gongsi（Lotenal）等。从总收入来看，2011 年墨西哥非税收收入占比为 31.4%，占当年 GDP 比重为 7.1%。

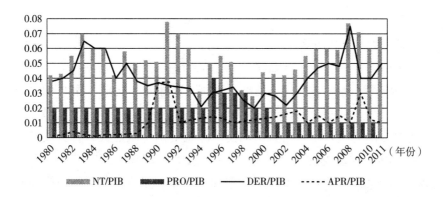

图 3 - 7　各类税收与非税收收入占 GDP 比重（1980—2011 年）

资料来源：参见 Emilio Caballero Urdiales，"Política Fiscal e inversión privada en México"，UNAM，2012，p. 80。其中，NT——非税收收入，DER——非税类各种费用收入，APR——服务类税收收入，PRO——商品类税收收入，2013 年。

　　此外，由于石油产品相关费用征收、石油价格依赖国际市场的影响，非税收收入具有不稳定性。历史来看，1980—2008 年，非税收收入占 GDP 比重在 2.8% 和 8.7% 之间浮动，显示出明显的波动性。此外，如图 3 - 8 所示，国家公共财政预算过度依赖石油收入的情况仍然非常突出。

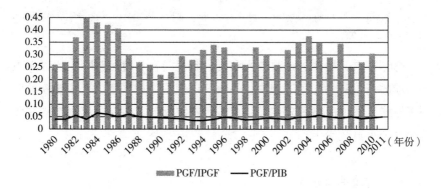

图 3 - 8　墨西哥联邦政府石油收入占财政总收入、GDP 比重（1980—2011 年）

资料来源：依据墨西哥银行网站 http//www. bankxico. org. mx/politica - monetaria - e inflacion/estadisticas/otros - indicadores/finanzas - publicas. html 数据制作。

二 财政支出分析

墨西哥公共财政支出规模自 20 世纪 80 年代以来总体趋势有所下滑。1987 年，刚刚走出债务危机的墨西哥预算公共支出总额占 GDP 比率为 29.7%，此后逐渐降低：1990 年为 18.6%，2011 年没有显著改变，大约为 18.7%。公共支出规模下降主要源于政府经常性开支持续压缩，1987 年政府经常性开支占 GDP 比重为 26.6%，1990 年下降为 16.1%，此后在 1991—2011 年始终保持稳定、呈现轻微浮动。资本性支出方面，1987—2011 年，其占 GDP 比重则在 1.3%—3.5% 浮动，总体支出规模较小，主要投往政府公共基础设施建设等。

图 3-9 政府公共支出占 GDP 比重（2008 年）

资料来源：参见 Emilio Caballero Urdiales, "Política Fiscal e inversión privada en México", UNAM, 2012, p.92。

总体来看，墨西哥财政收入和支出状况与自 20 世纪 80 年代以来主导全球的新古典主义经济理论相一致，该理论重视平衡型、小规模政府预算模式，推崇由市场来主导实现最优资源配置、政府要努力减轻税收负担并消灭财政赤字。

三 财政平衡分析

1991—2008 年墨西哥总体财政平衡表现为低赤字边缘徘徊。其中 2002 年赤字率上升到最高 1.1%，1992 年财政盈余率最高为 1.5%，1995 年总体保持平衡，1996 年为 1.5%。2008 年以后，墨西哥财政赤字占 GDP 比重上升 0.07%，然而 2011 年金融危机后赤字进一步扩大为 2.5%。

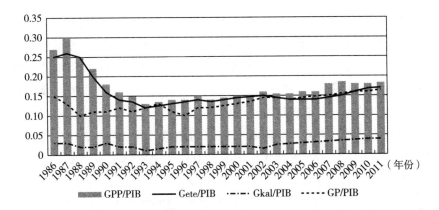

图 3 – 10　公共预算开支、经常性开支、资本性开支和初级开支占 GDP 比重（1986—2011 年）

注：GPP——公共预算开支，Gete——经常性开支，Gkal——资本性开支，GPP = Gkal + ，GPP – GP = 金融性支出。

资料来源：Banco de Información Economica INEGI, y estadísticas, BANXICO。

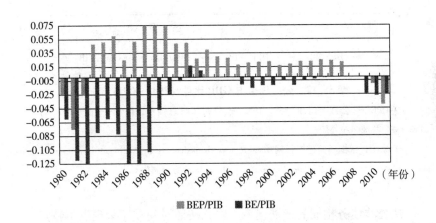

图 3 – 11　公共收支盈余与初级收支盈余占 GDP 比重（1980—2011 年）

资料来源：依据墨西哥银行网站 http//www. bankxico. org. mx/politica – monetaria – e inflaction/estadisticas/otros – indicadores/finanzas – publicas. html 数据制作。

四　公共债务分析

2008 年墨西哥公共部门净债务占 GDP 比重为 18%，其中内债为 25%、外债为 – 8%。金融危机后，2011 年，公共部门净债务占 GDP 比重上升为 32%。如图 3 – 12 显示，截至 2010 年，墨西哥公共债务率在全球范围内处于低水平，在拉美地区仅高于巴西和智利（见图 3 - 13）。此外，2005—2010 年墨西哥公共债务中与墨西哥银行达成的债务率甚至显示为负值。由于 20 世纪 80 年代的债务危机中，高达 70% 的公共外债债务率曾经拖垮了墨西哥经济，1986 年以后，一旦墨西哥政府债务率超过 103%，政府即启动连续债务削减措施，1993 年债务率一度下降至 17%。1994—1995 年金融危机期间债务率回升至 32% 左右，在"债务即为有害"的官方理念作用下，2008 年再次削减为 18%。

图 3 - 12   公共债务占 GDP 比重（1980—2011 年）

注：DPE——公共部门净债务，DPC——公共部门总债务，DPIC——公共部门净内债，DPE——公共部门净外债。

资料来源：依据墨西哥银行网站 http//www. bankxico. org. mx/politica - monetaria - e inflacion/estadisticas/otros - indicadores/finanzas - publicas. html 数据制作。

从公共债务构成的发展演变来看，按照时间顺序呈现以下特点：

（1）1980—1999 年，政府公共外债高于内债，尤其是 1995 年金融危机期间更为显著。

（2）1982—1987 年，政府公共外债为内债的 2—3 倍。

（3）1987 年起，政府公共外债和内债均逐渐下降，1993 年外债和内债占 GDP 比重分别为 10% 和 6%。

（4）1994—1995 年，公共外债重新回升，而公共内债则不断下降。

（5）1995—1999 年，公共外债开始下降，而公共内债则开始回升。

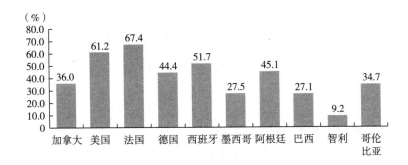

图 3 – 13 政府债务占 GDP 比重国际比较（2010 年）

资料来源：参见 Emilio Caballero Urdiales， "Política Fiscal e inversión privada en México"，
UNAM，2012，p. 98。

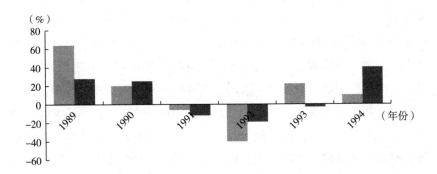

图 3 – 14 1989—1994 年债务（外债、内债）增长率

资料来源："Reforma Fisacal y Su Impacto en Las Finanzas Estatles y Municipales en el Estado
de México"，México，UNAM y Miguiel ángel de Porrúa，2011，p. 52。

（6）2000 年以后，形势反转，政府公共内债超越外债。

（7）2008 年公共部门债务占 GDP 比重为 18%，其中内债占比为
25%，外债为 - 8%。

（8）2001—2009 年，公共内债规模为外债的 3—4 倍。

（9）2008 年后，公共部门净债务不断上升，2011 年占 GDP 比重
为 32%。

第二节 1994—2014 年墨西哥财政政策选择：特点与制约因素

一 财政政策选择的实际特点

（一）重返新古典主义财政框架

20 世纪 90 年代以来，墨西哥历届政府均对财政政策作出了适时的调整或改革，如前所述，在塞迪略执政期间（1994—2000 年）加强对财政支出、公共财政赤字以及公共债务的严格管制，设立石油稳定基金，完成养老金私有化改革之后，墨西哥财政纪律得到加强，同时将税收改革、结构改革、反贫困和促进科研提上日程。福克斯政府（2000—2006 年）推出财税改革方案，其主要措施是努力平衡预算、打击偷税漏税、提高税赋，并于 2002 年摆脱债务负担，实现财政盈余；同时致力于运用财政政策改革推动经济结构调整，探索墨西哥经济社会发展的"第三条道路"；卡尔德龙政府（2006—2012 年）延续财政改革，进一步扩大税基，减少税收豁免、打击偷税漏税，并逐步上调企业所得税，新增燃料税和博彩税；涅托政府自 2012 年起推动实施能源改革，并以财政改革引领结构改革。四届政府的改革秉承一种新自由主义和国家干预并重的经济改革理念，以财政政策服务于整体经济战略和模式，对新自由主义负面影响进行反思，着眼于一条更加独立自主和务实可行的财政之路。

然而根据上一节的分析，实际财政政策特点显示：墨西哥在实现财政平衡后，从收入规模与结构、支出规模与质量来看，其潜在的风险都不容忽视（这种风险和墨西哥经济的总体结构问题息息相关），无论从经济增长还是福利提升来看，20 世纪 90 年代以来的财政政策措施似乎都是不充分的。墨西哥财政调整的基本逻辑与新古典主义理论的"健康财政"政策主张表现出较大的一致性，依据其主要原则体现出如下几方面的特点：

（1）国家在提升企业经营活动水平上无法发挥积极的作用。

（2）由于税收在一定程度上可能因为"挤出效应"打击私人储

蓄、影响私人资本积累和投资，因此政府最优财政预算为小规模政府预算。

（3）最具有破坏性的税收是不鼓励私人储蓄的税收制度，例如遗产税、高税率的个人所得税、企业所得税以及所有类型的财富税收。而间接税则因为间接作用于消费，因为对经济发展的影响相对较弱。

（4）公共赤字扩大有可能造成通货膨胀，并减少私人资本积累。

（5）公共债务应当尽可能早地进行清偿。

（二）国家干预缓慢恢复、困难重重

尽管有学者认为1994年以来墨西哥的经济延续了新自由主义的发展模式，财政政策在宏观经济调解中的作用不断弱化[1]，然而墨西哥政府在有限的税收收入和具有不稳定性的石油收入（具有较强的波动性）中，仍然力图逐步扩大政府财政政策干预的可能性。20世纪90年代以来，至2008年国际金融危机爆发，墨西哥财政政策还体现出一个鲜明的特征，即顺周期性财政政策，这个重大转变既无法由其"新古典主义"式财政政策总体特点解释，也在墨西哥财政发展历史上比较鲜见。其次，财政政策非直接税比重在税收总收入中的比重逐渐上升也显示了墨西哥税收制度逐渐扩大了其干预力量，尽管政府总体税负在全球范围内处于较低的状态。最后，面对外部冲击，墨西哥应对危机的税收与支出反周期政策可持续性风险加大，这都显示出墨西哥财政政策中"国家"干预力量处于缓慢的恢复过程中，并且实际上困难重重。

表 3 – 2　　　　　　　　2010 年墨西哥政府批准税率增长一览

ISR	2010—2014 年公司和个人所得税税率（起征点为月收入 10298 比索）提升为 28%—30%，月收入低于起征点的人群 2014 年征收 28% 的个人所得税
ISR，初级部门	税率提升至 19%—21%，2014 年恢复到 19%
IVA	总体提升至 15%—16%，边境地区提升至 10%—11%

---

[1]　Emilio Caballero Urdiales，"Política Fiscal e inversión privada en México"，UNAM，p. 63.

续表

IEPS	烟草三年内每盒征收 80 分。电信服务税率（涵括移动和固定通信）提升至 3%，因特网服务除外。啤酒税率 2010—2012 年提升至 25%—26.5%，2013 年下调为 26%，2014 年恢复至 25%，酒类税率提升至 50%—53%
IDE（现金储蓄率）	现金储蓄税起征点由金额每月 2.5 万比索下调为 1.5 万比索，征收汇率为 2%—3%
体育博彩	税率提升为 20%—30%

资料来源：Ley de Ingresos de la Federación, 2010。

墨西哥石油公司（PEMEX）的改革也显示了墨西哥政府加大干预力度的努力。早在福克斯政府时期，墨西哥政府即已经开始关注到墨西哥财政"石油化"带来的不利影响，即石油出口和价格取决于国际市场需求和石油价格的变动，浮动性大，从而造成墨西哥财政中石油产业税收收入具有极强的波动性，为公共财政预算带来不稳定性预期，进而制约政府发挥财政政策调节宏观经济的实际空间、效率。此外，由于新自由主义改革以来为稳定国家经济稳定、应对外部条件的冲击，墨西哥财政积累薄弱，长期以来低水平的石油基础设施投资造成墨西哥石油公司在能源开采和勘探方面存在投资不足的问题，这也极大地限制了石油相关财政收入的增加。但需要注意的是，由于墨西哥石油公司是墨西哥革命历史的产物，在深厚的民族主义的影响下，至今仍然保留结构主义发展时期的国有企业管理特色，工会势力强大，内部机构臃肿，且不乏腐败现象的存在。受种种条件所限，卡尔德龙政府时期，尽管能源改革的呼声已经甚嚣尘上，然而实际推进却一再延误，直到涅托时期才予以落实。

从墨西哥财政收入结构来看，由于石油产业举足轻重的份额，墨西哥财政改革与能源改革不可分割，必须同步进行。而只有墨西哥政府才能够推动这一改革的发生。

二 财政政策选择的理论逻辑、财政制度和政策目标的转变

（一）理论逻辑转变："二代改革"推动结构主义财政观复苏发展、着眼长期财政调整

从总体经济模式转换来看，20 世纪 80 年代中期开始到 90 年代，

拉美各国均未再一次出现从"一种主义"到"另一种主义"的转换，而是在新自由主义和新结构主义并行的转型的过程中，不同国家开始探索符合自身特点的发展模式，呈现出地区内部分化的特点。到 90 年代中期，既有墨西哥这样即便在爆发了 1994 年金融风暴也没有放弃推进新自由主义深化改革的国家，也有智利在 1991—2000 年以年均 6.6% 增长率一枝独秀而令人瞩目的"智利模式"。后者主要建立于 80 年代智利军政府在对经济政策反思的基础上，恢复了部分国家干预的政策调整，如重新提高关税和爬行汇率制度，选择相对更加现实和务实目标的渐进式改革道路，即摆脱任何僵化的理论模式束缚，探索一种稳定货币和财政的新途径，并通过务实的经济政策实现增长，同时实现社会的平衡发展，有学者称为"可能主义"的新模式。该模式代表着对"新自由主义"和"新结构主义"折中的"第三条道路"，并保持了高度的政策连续性。

相较而言，如果说 1994 年巴西卡多佐政府将自由开放与国家控制相结合，代表了渐进温和的改革特点，1997 年以后墨西哥的道路再选择，同样体现了其对智利模式的认可，对一个新型道路的探索。在具体的财政状况上，墨西哥也与拉美地区总体基本保持一致，20 世纪 90 年代中期以后至今分为三个时间段：

第一：20 世纪 90 年代中期至 2002 年为从赤字财政到平衡财政阶段。

第二：2003—2009 年为危机前后的宏观审慎与逆周期阶段。

第三：2009—2014 年为"后危机时期"的财政空间收窄阶段。

第一阶段中，拉美在应对前一时期（20 世纪 80—90 年代前期）债务危机和恶行通货膨胀而采取的紧缩财政、增收节支（扩大税基，提高平均税率，将强制税种征收）等措施的基础上，进一步展开了大刀阔斧的改革，在债务重组、私有化收入缓解整体财政失衡的基础上，依据《华盛顿共识》普遍加强了财政纪律。阿根廷（1999）、秘鲁（1999）、委内瑞拉（2000）、巴西（2002）、厄瓜多尔（2002）和哥伦比亚（2003）相继颁布财政责任法。继智利实行"财政结构平衡法"框架在财政改革中效果显著，成为地区成功范例之后，墨西哥也在以高昂的财政成本克服 1994 年金融危机冲击之后，进一步加强了财政监管，实施"财政责任法",总体上继续推动贯彻新自由主义的"平衡性财政政策"主张。从实际效果来看,如同地区总体态势,90 年代墨西哥政府的债务负担依然沉重,财政整体规模虽然随着税改和经济企稳有所扩大,但是财政支出质量不高,财政政策顺周期性强,可持续性弱的矛盾集中暴露。1998—2002 年拉美各国因为私有化收入下降,财政赤字普遍上升,进而广泛展开"二代改革",其中财政政策是其重要组成部分,主要目标设定为三项:保证财政长期的可持续性、提高财政管理效率和促进社会公平。由此可见,无论是采用怎样的经济模式,90 年代中后期开始,拉美财政政策已经开始考虑长期性的框架,这一改革思路与"结构主义"财政观是一致的。

第二阶段中,特别是 2002 年阿根廷危机以后,拉美地区在不断探索改革的基础上克服 20 世纪 90 年代金融危机动荡,基本实现了财政状态的稳定,同年墨西哥也实现财政盈余。2003—2008 年地区经济经历了一轮强劲的扩张,进入新的增长周期。这一时期,各国在长期财政体制改革,税制改革的基础上实行稳健的财政政策,伴随着经济增长以及增收节支,2004 年全区域初级财政实现盈余,初级财政盈余占 GDP 比重为 2.0%,阿根廷和智利实现总体财政盈余;2006 年地区总体财政也消灭了赤字,墨西哥延续财政盈余的态势。此外,这一时期地区外债总额继续增加,但是伴随出口收入大幅度增加,外债负担反而有所减轻。其中墨西哥为地区第一大出口国,2004 年其外债与出口收入比率为65%,相比 2001 年的 84% 有所下降,巴西该比率由 311% 下降为185%,阿根廷债务负担最重,由 535% 下降为 439%。从支出方面来看,支出也和收入快速增长一样,同样快速扩张,支出规模不断扩大,但质量依然不高,2003 年拉美公共雇员工资和社会保障两项占财政总支出的 83.8%,用于生产性支出明显不足,墨西哥财政支出主要投向基础设施等项目,财政政策没有体现出反周期性。

第三阶段中,如前所述,墨西哥财政形势急速恶化,财政体系的积弊日益显露。

(二) 财政制度的变革:税收制度变革与分权制的确立

值得注意的是,到这一时期为止,拉美通过 20 世纪 80 年代以来的改革已经取得税制和财政分权体制两项大的成果。

第一，在税制方面，增值税成为主要税种，所得税税率有所下降，拉美企业平均所得税税率大幅下降，个人所得税最高税率也大幅度下降，2007 年所得税、财产税和其他直接税占 GDP 比重分别为 4.7%、0.7% 和 0.1%。墨西哥也增加了增值税的比重，同时制定了所得税税收抵免机制，最高可以有 50% 的所得税免税额。

第二，在分权改革方面，不同国家之间呈现出差异，至 2003 年左右其主要特点是：①分权程度大幅度提高，尽管中央政府仍然掌握绝大多数财政资源，但地方财政支出比重占总财政支出比重由 20 世纪 80 年代的 8% 上升到 15%。②财政分权度各国差异较大，分权中心也有所不同。按中央政府财政权比重来看，高于 40% 的国家有两个：巴西（45.6）和阿根廷（49.3）。另外结合分权的重点来看，哥伦比亚（39）和玻利维亚（26.7）直接强化地方政府财权，墨西哥（25.4）位居第五，它与第六位的委内瑞拉（19.6）强化了州（省）级政府财权。

（三）财政目标的转变：以推动结构转型应对财政脆弱性

如前所属，2007 年地区财政收入进一步增加，财政收入占 GDP 比重上升到十年以来的高位 20.2%，公共债务占 GDP 的比重则下降为 31.8%。2009 年下半年面对国际金融危机冲击，拉美国家良好的财政状况使其经过反周期的政策调整后，短时间内迅速实现复苏，抵抗外部危机的能力大大提高。OECD 指出，这除了得益于世界经济增长，特别是中国和亚洲新兴市场对拉美原材料的旺盛需求外，也应归功于拉美自身经济"管理稳健，运行有效的政策框架"[1]，从而明确肯定了拉美经济逐步摆脱了新自由主义的束缚，在自主务实的发展道路上取得了积极的成果。相较其他地区，在面对这次全球经济环境巨大变化的过程中，拉美的良好表现甚至使其崛起成为新兴市场国家的重要一极。

然而后危机时代，特别是 2012 年世界经济"二次探底"以来，其财政空间却不断下降，增长乏力，财政赤字率和负债率比危机前高出许多，财政脆弱性快速上升，特别是区域内大国巴西和墨西哥自 2013 年来的经济波动和增长大幅下滑，使宏观经济外部依赖性以及内部经济结

---

[1] OECD 发展中心主编：《2009 年拉丁美洲经济展望》，世界知识出版社 2009 年版，第 2 页。

构的矛盾进一步凸显，"二代改革"的目标似乎并未实现，财政政策走势也呈现出不确定性。

可以说，从"二代改革"开始到近年应对国际金融危机的冲击，墨西哥一方面也越来越认识到改变赤字财政对宏观经济，抵御外部危机冲击的重要性，另一方面也深刻体会到，已经取得的财政改革成绩还远远不够，财政政策而非财政盈余在推动结构转型，促进经济长期稳定和增长才是关键所在，继续深化具有中长期视角的财政框架改革是其必然的选择①。在墨西哥财政改革步入新一阶段之际，面对新的国内外形势，不论是收入、支出、债务等工具使用，还是相关产业政策、社会保障政策及其他相关公共产品政策，都面临新的调整和改革以适应新的财政及经济发展总体目标。在这一过程中，如何科学设定财政政策目标，以结构转型为统领、以财政政策与货币政策、宏观经济政策及其他公共政策相协调为原则，设计合理运用政策工具，提升政策相关绩效，有效改善财政体系短板，从而最终应对自身脆弱性，在推动墨西哥经由"财政稳定"走向"经济增长和发展"的过程中实现财政治理有效、稳定、可持续发展，是墨西哥财政改革面临的重要挑战。

在接下来的章节中，我们将进一步观察 1994 年以来墨西哥财政政策的宏观经济效应实现情况，试图从经济稳定、经济增长和改善收入分配三方面主要效应讨论其政策工具的使用、采用的具体调整措施，取得的经验和存在的问题，从而进一步了解该时期其财政政策的实际运用情况，国家实际财政能力及未来可行性的调整方向。

---

① Carlos Tello Macías: "Sobre la baja y estable carga fiscal en México", CEPAL, México, D. F., 2015.4, p.6.

第四章　墨西哥 1994—2014 年
财政政策效应

——"经济稳定"的视角

从历史上看，债务问题、财政赤字和国际收支失衡是拉美国家长期以来面临的重要问题，也是造成拉美国家数次金融危机的重要原因之一。自 20 世纪 80 年代经济转变发展模式以来，拉美各国通过整顿财政纪律改善了财政状况，墨西哥也不例外。2003—2008 年，拉美全地区连续六年实现初级财政盈余，中央政府债务占 GDP 比重由 2002 年的58.2%下降至 2008 年的278%，地区财政形势的好转使 2008 年国际金融危机冲击来临时，各国大规模公共财政刺激机会得以成为可能，从而确保 2009 年地区经济因为出口陡降出现 1.8% 的负增长时，社会指标没有全面恶化，并最终在多重措施作用下较快实现了复苏发展。本章将分析 1994 年墨西哥金融危机及 2008 年国际金融危机冲击中，墨西哥财政政策的运用与经济稳定之间的关系，探讨其在其中发挥的实际效应、存在的问题。

第一节　稳定性效应分析 1：1994—1995 年墨西哥　　　金融危机中的财政政策

1994 年和 2008 年墨西哥分别经历本国金融危机、国际金融危机的冲击，墨西哥政府迅速出台一系列措施应对危机，其中财政政策措施是重要的调控工具之一。两次危机发生的阶段墨西哥宏观经济条件有所不同，但总体而言，危机应对措施都较快产生了积极效果，较快实现了国家宏观经济的稳定。其中 1994 年金融危机中,墨西哥财政政策基本目标锁定为维持宏观经济稳定,面对银行危机的冲击,塞迪略政府启动顺周期性财政政策,着力削减开支和提高税率,其中将增值税从 10% 提高到 15%;此外,为实施金融拯救计划,墨西哥财政增加对银行救助,通过拍卖重组、收购或者直接核销呆坏账的方式成功克服了银行危机。总体而言,在这次危机中,墨西哥财政政策表现出让位于金融政策的显著特点,为稳定银行危机付出了高达 20% 的财政成本,也显示出财政政策在构建墨西哥宏观经济稳定框架中的缺失。

在墨西哥债务危机后至 1994 年探索现代化转型与开放的过程中,债务沉重、贸易逆差、币值高估的问题十分显著。在萨利纳斯政府时期,墨西哥政府实施比索钉住美元的货币政策,其反通货膨胀的计划内容以汇率锚为核心,即使在控制通货膨胀率方面有明显降低作用,但是本国货币仍然存在贬值现象,当幅度小于通货膨胀率上升时便会造成币值高估。本国商品在国际贸易市场中的竞争力自然下降。按照相关研究表明,以平价购买力作为计算标准比索在此期间被高估了大约 20%,也就意味着反通货膨胀的计划其实扩大了本国对进口商品的需求。墨西哥在 1989—1994 年进口和出口分别增长了 3.4 倍和 2.7 倍。墨西哥在 1989 年以前的经常性项目逆差为 41 亿美元,到 1994 年时这个数字已经增长到了 289 亿美元。1994 年 12 月 19 日,墨西哥政府官方主导比索贬值,贬值幅度为 15%,该行为引发外国投资者大面积抛售比索,引发比索汇率急速下跌,由于国外投资者大量撤出资金,两天之内墨西哥外汇储备锐减 40 亿美元,比索与美元的兑换汇率暴跌 42.17%。外汇市场的剧烈动荡进而引发墨西哥金融市场急剧波动、企业和投资者以及国内市场恐慌情绪迅速蔓延。

政府为了稳定这种情绪决定实施紧急经济拯救计划,也就是把经常项目赤字压缩至能够承担的正常支付水准,从而尽快帮助经济活动和就业市场恢复正常运行轨道。一方面尽所有可能减小通货膨胀,另一方面向国际金融组织机构进行援助申请。国际货币经济组织等国际性的金融机构和美国政府提供给墨西哥大量的贷款,国际上强力支持帮助了墨西哥成功度过此次危机,金融动荡才于 1995 年上半年趋于平息。

从这次金融危机的发生过程来看,金融危机的直接触发点在于外汇储备的减少和比索的快速贬值。实际上经常项目的赤字数目巨大，而用流动性大且投机性强的短期外国资本进行填补是此次金融危机爆发的根本性原因。萨利纳斯政府在不断的自由化改革中，认为墨西哥政府只要能够不断地吸收外国资本，无论经常项目中赤字多大都不会有风险。同时国内投资会因为外资流入的减少而萎缩，那么相应的进口量也会减少，所以经常项目中的赤字也会随之下降。这种放任经常项目赤字的行为在萨利纳斯政府的切实经历中经过实践检验，证明是比较片面的。换言之，可以说墨西哥经济之所以爆发此次大危机，主要在于其金融市场过于快速的开放发展，导致整体经济对外依赖程度过高。

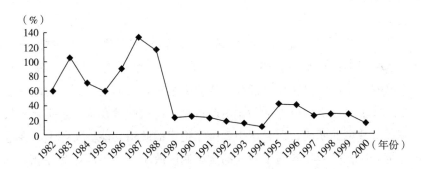

图4-1　1982—2000年墨西哥通货膨胀率

资料来源："Reforma Fisacal y Su Impacto en Las Finanzas Estatles y Municipales en el Estado de México"，México，UNAM y Miguiel Ángel de Porrúa，2011，p. 65。

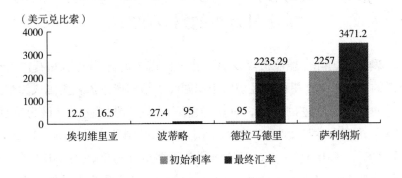

图4-2　1970—1994年各界政府平均汇率变化（美元兑比索）

资料来源："Reforma Fisacal y Su Impacto en Las Finanzas Estatles y Municipales en el Estado de México"，México，UNAM y Miguiel Ángel de Porrúa，2011，p. 66。

关于这场比索危机的总结性思考，一方面，IMF 在 1998 年通过一份报告，对资本账户中开放的先决条件进行阐述，内容有以下几点：①宏观经济政策框架的健全稳定性。特别是财政政策、货币政策和汇率制度的相互融合性。②国内金融制度的强力性。该制度要包括监督和管制，不但要谨慎小心而且应当包含会计标准、信息披露、贷款回收机制、贷款标准、资本充分性透明性等内容，保障资不抵债的情况发生时机构能够顺利且快速地处理。③中央银行的自主性和有力性。④信息披露的及时性、综合性和准确性。既包括中央银行的外汇储备，也包括其中的远期交易信息。其中第一条中，一国货币与财政政策在汇率协调方面的作用越来越为世界各国所瞩目，而这也是墨西哥比索危机带来的重要启示。

另一方面墨西哥银行经济学家弗兰西斯科和奥格斯特通过研究表明，有明显的证据显示，墨西哥所经历的是政治引发的投机性攻击行为，这并不是因为真实经济混乱所造成的危机，从而指出赤字财政的放任会造成国家经济的剧烈动荡。由此可见，财政政策在这一意义上不仅具有经济政策的职能，而且承担着国家稳定的政治功能。实际上，在危机稳定以后，墨西哥实施了深入的货币制度改革，而墨西哥又在此基础上通过顺周期的财政政策推进这一改革的实施，客观上为稳定金融动荡付出了巨大的财政成本和社会成本。

第二节 稳定性效应分析 2：2008—2009 年应对国际金融危机的财政政策

2008 年国际金融危机爆发后，受美国需求的急剧萎缩和石油价格下降的双重影响，墨西哥经济由于本国经济结构严重依赖美国成为受到危机冲击最为严重的地区，总体经济表现率先恶化且情况最为糟糕，2008 年第四季度与 2009 年前三个季度的 GDP 增长率分别为 -1.65%、-7.92%、-10.1%、-6.19%。拉美经委会对其 2009 年 GDP 增长率的评估为 -6.7%，是拉美国家中最低的。除贸易渠道传播外，墨西哥外汇市场受到严重冲击，2018 年 10 月墨西哥比索创 1997 年 10 月以来最大跌幅，汇率持续波动并持续到 2009 年第一季度。此外，通过消费需求的萎缩，墨西哥国内实体经济遭受严重冲击，私人投资和消费下降，其中2009年10月墨西哥汽车生产同比下降35%，矿业和石油生产出现下降。

一 反危机财政措施具体内容

为应对危机，尽管受财政责任法或通货膨胀目标制的制约，财政赤字有一定限制，拉美国家仍广泛实施反周期性的经济政策来调整时差，财政方面也做出积极政策选择，比如扩大财政开支，利用财政分配来刺激社会的需求增加。具体举措包括：减税，扩大公共开支，增加对地方政府、家庭和企业的转移支付；推出了财政刺激计划，扩大政府对基础设施建设等的投资，以及对中小企业和其他重点行业的资金扶持，达到稳定经济和刺激经济增长的目的。横向来看，墨西哥的应对政策都与拉美国家呈现同步性。

墨西哥采取的主要财政措施包括：

（1）减税、冻结价格及增加补贴和救助金。墨西哥政府同时减免了个人和企业所得税。2009年1月7日墨西哥总统卡尔德龙宣布政府与企业界、工会组织联手推出"家庭经济和就业全国协议"。依据该协议，政府冻结汽油价格，下调电费和液化气价格以刺激消费；此外划拨超过5000万美元实施家电购买补贴计划，推出总额1.5亿美元的困难企业经营救助计划以及1.6亿美元左右的稳定就业计划。

（2）扩大政府预算，加大基础设施投资以拉动经济增长。2008年10月9日，墨西哥政府推出"增长和就业刺激计划"，增加50亿元公共开支用于基础设施建设，新建一座炼油厂并加大对中小企业的扶持力度。12月再次推出新公共投资计划，重点加大对住宅建设和住房消费的支持，并将2009年用于基础设施建设的资金增加到436亿美元以拉动经济增长。

（3）与反周期货币政策相协调，积极应对外汇风险，扩张国内信贷。墨西哥政府在实施反周期性财政政策的同时推出反周期性货币政策，用以提高国内流动性，形成相对宽松的投融资环境，为经济复苏创造有利条件。主要采用的调控工具及政策包括：

表 4-1 **2009 年拉美地区的刺激计划**

	刺激计划中公用事业的投资		公用事业总投资		刺激计划—投资额/总投资（%）
	投资总额（10 亿美元）	占 GDP 的比重（%）	投资总额（10 亿美元）	占 GDP 的比重（%）	
阿根廷	4.4	1.6	17.1	6.1	25.7
巴西	6.7	0.5	23.3	1.7	28.8
智利	0.7	0.4	4.7	2.7	15.0
墨西哥	6.9	0.8	43.6	4.8	15.8
秘鲁	1.6	1.3	5.8	4.6	27.6
拉美和加勒比	25.0	0.5—1.0	125.0	3.0—4.0	20.0

资料来源：Jordan Z. Schwartz, Luis A. Andres and Georgeta, "Crisis in Latin America: Infrastructure Investment, Employment and the Expectations of Stimulus", Policy Reserch Working Paper, The World Bank, July 2009。

表 4-2 **2009 年拉美主要国家的基础设施投资计划**

国家	投资金额	投资领域
墨西哥	2000 亿美元（2010—2015 年）	公路、铁路、机场、农田水利和洪水控制、港口、饮用水和排水、电信、冶金、天然气和石油化工
阿根廷	207 亿美元	道路、天然气、公共交通
巴西	2126 亿美元	交通物流、能源、住宅、水和卫生设施
智利	7 亿美元	完善公路网、学校和体育馆，新建医院、农业灌溉、港口、机场
秘鲁	33 亿美元	港口、高速公路、机场、能源运输、可再生能源、卫生、教育

资料来源：Americas Infrastructure Update 2009, search, July 2009。

①下调准备金率和基准利率，提供额外信贷额度，快速扩张货币供给。2009 年 1—7 月将基准利率调低 375 个基点，由 2009 年年初的 8.25% 下调至 2009 年 7 月的 4.5%，同时为商业银行提供额外信贷额度。

②积极进行公开市场操作，进一步增强国内流动性。2008 年 10 月中旬，墨西哥比索一周之内对美元的名义汇率贬值近 25%，墨西哥政

府动用89亿美元外汇储备应对以稳定市场恐慌心理，遏制经济形势恶化趋势；此外墨西哥央行还实施了对28.3亿美元中长期政府债券的回购计划，宣布与墨西哥融资与公共信贷局共同减少长期债券发行及对60亿美元的利率掉期计划，进一步增强国内流动性。

③快速与美国和国际多边金融机构签订信贷协议，增加外币流动性。2008年10月墨西哥央行与美联储签订300亿美元的货币互换协议，与世界银行和美洲开发银行签署协议，将信贷额度增加至71亿美元，并于2009年4月进一步与国际货币基金组织达成470亿美元的灵活信贷额度①，从而保证外汇储备充足以应对可能的进一步冲击。

④直接为银行和企业注入流动性。2009年墨西哥财政部和央行分阶段向国内商业银行注资12.81亿美元，以鼓励其扩大信贷额度，改善全国130万家企业的融资环境。此外，国家金融公司和外贸银行直接向130万家企业提供融资便利。

二　反危机财政措施的效果、存在的问题

通过快速的财政和货币措施响应，墨西哥较早启动了反危机措施，且在本次反危机措施中，墨西哥财政政策与货币政策"双松"，基本实现了协调配合②，从而有力地平抑了外汇市场的剧烈动荡，大大提高了应对资本市场和外汇市场波动的能力。但值得注意的是，随着危机爆发后，贸易条件的不断恶化，墨西哥财政收入因为贸易比价指数下降2009年出口额同比下降22%，从而使财政收入快速减少，其反危机的财政刺激计划难以为继。

2009年7月，墨西哥财政部长奥古斯丁就表示，与政府的一揽子刺激计划的资金需求相比，墨西哥的财政收入已出现巨大资金缺口。随后墨西哥政府对其财政刺激计划做出了调整，在拉美地区最早推出了紧急调整：削减了64亿美元的预算支出，并提出了一系列增税措施，包括对所有商品（食品和药物除外）加征1%的增值税，对电信业征收

① CEPAL：Estudio económico de América Latina y el Caribe 2008 - 2009, 2019.10, p.227.
② Gloria de la Luz Juárez, Alfredo Sánchez Daza, Jesús Surita González, "La crisis financiera internacional de 2008 y algunos de sus efectos económicos sobre México", *Contaduría y Administración*, Universidad Autónoma Metropolitana, México, 2015, p.142.

3%的服务税，暂时性地将个人收入所得税最高税率由 28% 提升为 30%。

由此可见，一方面，墨西哥政府以财政和货币政策相协调的措施有力地实施了反周期调控，一定程度上稳定了受到严重冲击的宏观经济；另一方面，随着危机的持续，支撑其反周期措施的财政空间下降，由于其反危机能力和政策还将受制于外部经济因素，墨西哥财政状况的脆弱性并没有发生根本性改变，不可持续性风险加大，主要表现在以下几个方面。

1. 积极的财政政策依赖财政收入的提高，而非财政政策本身的好转

尽管危机爆发后，墨西哥第一时间实施了积极的反周期性财政政策，但应该注意的是，2003—2008 年黄金增长期的财政政策并没有体现出反周期性，财政收入增长的同时，支出也在增加。且财政收支状况的改善主要依靠贸易比价改善所导致的出口收入增加。因此，如经济学家 José Antonio Ocampo 所言[1]，危机时期积极的财政政策主要依赖的是财政收益的提高，而非财政政策本身的好转。

2. 财政赤字和通货膨胀压力重现，财政体系（特别是税收体系）薄落的弊病凸显

随着大规模财政赤字的扩张，宽松的货币政策、汇率政策的滞后效应，全球初级产品价格重新恢复增长和财政赤字压力剧增，墨西哥通货膨胀压力上升。在没有走出经济衰退的情况下，通货膨胀压力对经济增长、汇率稳定、居民消费和工资水平等产生不利影响，外加政府财政长期不稳定及较低水平的税收体系影响，政府收入增速明显放缓或下滑，墨西哥面临"通货膨胀"和财政赤字的压力，可能给金融体系带来新的压力。

3. 到期债务规模庞大，主权债务风险上升

2009 年，在地区债务总体债务继续缓慢增长、外债占 GDP 比重改变持续下行的同时，墨西哥外债增加 238.44 亿美元，创 2000 年以来的

---

① José Antonio Ocampo, "The Impact of the Global Financial Crisis on Latin America", CE-PAL Review 97, April 2009.

最高纪录。与此同时，2009年墨西哥到期债务规模较高，超过200亿美元，债务清偿压力加大，主权债务面临一定的风险。

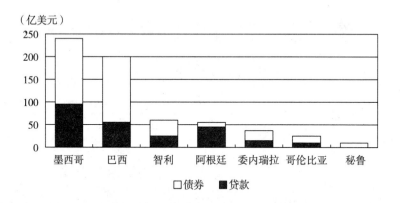

图4-3　2009年拉美主要国家到期债务规模和结构

资料来源：依据拉美经委会 www.cepal.org 数据制作。

第五章 墨西哥 1994—2014 年
财政政策效应

——"经济增长"的视角

如前所述，经历 20 世纪 80—90 年代发展模式转型后，墨西哥经济中国家角色不断下降，国家公共财政税负下降至中等收入国家中最低之一，2008 年墨西哥税收收入占 GDP 比重约为 11%，低于拉美地区平均水平（17%），更低于 OECD 成员国（40%）；总财政支出占 GDP 比重约为 15%，低于拉丁美洲平均水平（22.15%），仅相当于欧洲地区（43%）的 1/3，总体财政形势保持着"稳定的低水平"。[①] 与此财时，墨西哥经济自由化并未实现经济增长的预期，而恰恰相反，近 30 年的统计数据显示，墨西哥经济平均增长不足 1%，令人失望。

关于墨西哥经济增长表现出显著的不充分性，有学者指出其原因在于：第一，墨西哥经济积累严重不足；第二，国家在国民经济发展中严重缺位。仅从财政政策来看，其税收政策的不可协调性因素存在于墨西哥经济的持续性增长低迷中：在目前墨西哥税基不广、偷逃税严重且长期以来国家发展"去投资化"趋势严重的情形下，提高国家在经济中的干预、利用财政政策措施刺激短期内经济增长需要以充足的财政为基础，这将要求墨西哥政府提高税率，进而依靠扩大财政的公共支出规模拉动经济增长；与此同时，提高税率又有可能对私人投资带来负面影

---

① Carlos Tello Macías, "Sobre la Baja y Estable Carga Fiscal en México", CEPAL, Abril de 2015, p. 9.

响。① 从长期增长战略来看，经历 20 世纪 90 年代以来的金融动荡和
2008 年以来国际经济危机冲击，拉美新结构主义在保留发展主义强调
国家作用的基础上，从西方供给学派吸收其内生增长理论，其所提出的
通过内部积累来实现增长重新受到重视，墨西哥也积极审视自身经济发
展中关乎长期增长的生产要素（劳动和资本）积累的增长。这样一来，
公共财政税收、公共支出与私人投资之间的关系，以及与其密切相关的
产业政策、公共产品供给计划等便成为近年来围绕墨西哥财政政策与经
济增长讨论中的重要课题。本章将从公共财政税收、支出两个方面来探
讨墨西哥财政政策在促进经济增长方面的实际效应和问题所在。

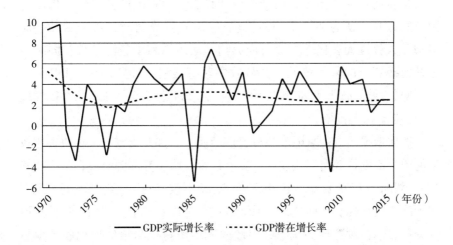

图 5 – 1　墨西哥 GDP 实际与潜在增长率（1970—2015 年）

资料来源：CEPAL, Productividad y brechas estructurales en México , 2016。

第一节　财政收支影响经济增长的因素

近 20 年来，拉丁美洲地区各国在公共财政领域取得了显著的进步，
与此同时，个人直接税税率低，占税收收入比重较小，税收结构侧重于
非累进制税种，公共支出针对性不足的情况十分普遍；在多数国家中，

_____

① Emilio Caballero Urdiales, "Política Fiscal e Inversión Privada en México", UNAM, p. 15.

财政收入不足成为促进经济增长的重要障碍。

西方财政研究认为，公共财政税率、税收结构乃至税收规模与经济增长之间不具有必然的联系。依据经济增长理论，只有当公共财政政策对一国拉动经济增长的需求结构（消费、投资、出口）产生影响时，才能在短期内有效促进经济快速增长。1994—2014 年的 20 年中墨西哥平均经济增长仅约为 2.5%。[①] 在关于公共财政税收如何影响墨西哥经济增长这一问题上，首先，由于墨西哥潜在的税收仅为其发展水平的一半不到，从而较大程度上限制了公共财政政策充分发挥其应有的调控作用。其次，墨西哥是拉美地区唯一一个 60% 的税收收入来自所得税的国家，而增值税征收水平为本地区第二低。墨西哥政府官方观点认为如果提高所得税（ISR）税率将对纳税人劳动、储蓄和私人投资的积极性造成负面影响，从而不利于经济增长；同时当公共财政资源的来源依赖公共税收中对直接税，即所得税（ISR）的提高时，政府加大开支并不会刺激需求，也不会发挥其"乘数效应"，推动私人投资。

然而依据西方国家财政税收普遍经验，公共开支较高、税收负担较重的国家高度依赖所得税税收；在所得税税收主导的国家中，生产积累（私人投资占 GDP 比率）也相应更高，这不仅有利于经济的发展，也有利于改善民众福利。此外，对 OECD 成员国以及拉丁美洲国家的计量研究分析显示：对这两组国家，财政收入中所得税与增值税税收规模越大，则该国内部私人投资受到越大的制约；然而，由税收增加而带来的政府财政开支不仅不会对私人投资产生"挤出效应"，反倒会对其形成补充效应，总体上超过前者带来的负面作用，从而使财政政策的经济增长效应更为积极。此外需要注意的是，由于一国财政开支的增长能力受到自身及外部条件限制，因此财政政策的运用需要结合对外贸易、产业、汇率和金融以及地区政策。

因此，在墨西哥的案例中，政府主张减少各州政府对财政的参与、以增值税为税收主体、认为所得税一定有害的看法并不全面。适度通过累进的所得税税收体系增加财政收入，从而扩大财政开支是一条比较可

---

① CEPAL, Productividad y brechas estructurales en México, 2016, p. 16.

行的促进经济增长之路。

墨西哥财政政策推动经济增长的建议包含：

（1）实施所得税（ISR）累进，一方面中等收入人群能够从中获益，从而增强民众对政府财政框架的支持意愿；另一方面补充稀有部门有效需求的不足、增加生产部门的活力以及改善收入分配。

（2）扩大财政政策支出对基础设施建设的开支。

（3）加强税收努力。

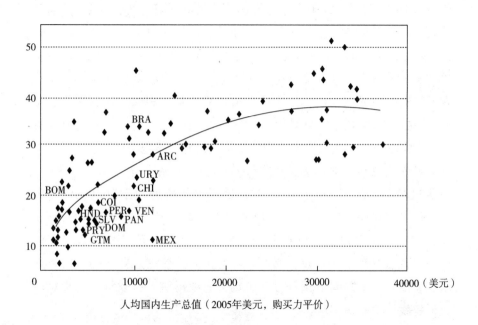

人均国内生产总值（2005年美元，购买力平价）

图5-2　拉美部分国家税负和人均国内生产总值（多年值）

注：税收收入包括向公共机构缴纳的社保费用。

资料来源：CAF：《面向发展的公共财政》，知识产权出版社2012年版，第160页。

第二节　财政政策促进经济长期增长的措施

发挥国家公共财政干预作用不仅可以刺激经济实现短期内增长的目标，在制定与实施长期发展战略时，公共财政政策及工具在以适当的基础设施投资、产业政策、公共产品供给等方面推动本国经济长期增长中也扮演着不可或缺的角色。结合墨西哥推动经济结构转型的实际需求，其财政政策在促进经济长期增长中的具体措施值得关注。

从财政政策促进产业发展、促进公共产品（如教育、科技）供给两个方面来看，墨西哥的情况呈现出不均衡性。

一 促进产业发展的财政政策

1996 年墨西哥颁布"工业与对外贸易政策"，提出了从劳动力竞争优势向高技术竞争优势转变为核心的产业发展政策，其核心是工业振兴计划。2000 年以来，在促进重点产业发展，提高重点产业的技术水平和国际竞争力方面，墨西哥、南方共同市场（巴西、阿根廷、乌拉圭、巴拉圭）的汽车产业政策是一个典型案例，其主要目标是鼓励汽车产业的投资，促进汽车产业生产链的完善和发展。墨西哥还将纺织、服装、制鞋、家用电器、玩具等产业列为重点产业，予以扶持和重新振兴。在促进以上产业发展中，相应支持性财政政策包含：

首先，以出口退税、关税退还或减免等措施促进出口。在 15 个拉美国家中，有 9 个实施出口退税措施。墨西哥的出口退税效率较高，产品出口率（出口产品占全部生产产品的比重）超过 40% 的企业在完成产品出口后，可在 5 个工作日内得到退还的税款。与此同时，以税收优惠鼓励投资。墨西哥等对重点扶持的产业和地区实行税收优惠政策，墨西哥政策性金融机构向企业提供股权投资，向重点产业提供专门贷款。

其次，将振兴制造业当作重中之重，尤其以公共投资推进大规模产业振兴计划。其中，墨西哥政府的优先及重点投资领域是基础设施。

表 5 -1　　　2009—2012 年墨西哥、巴西、阿根廷产业振兴
计划的投资规模　　　　　单位：亿美元

	拉美 3 国	巴西	墨西哥	阿根廷
1. 基础设施	6810	3440	2260	1110
2. 产业发展	1415	953	391	71
企业贷款	854	726	128	—

续表

	拉美3国	巴西	墨西哥	阿根廷
农业	127	65	60	2
工业	300	85	177	38
其他	134	77	26	31
3. 中小企业	251	31	177	43
4. 合计（1+2+3）	8476	4424	2328	1224

资料来源：（1）CEPAL, La reacción de los gobiernos de las Americas frente a la crisis internacional: Una presentación sintética. de las medidas de política anunciadas hasta el 30 de septiembre de 2009, 30 de octubre de 2009, Santiago de Chile；（2）巴西政府《2007—2010年加速增长计划》，2007年版和2009年1月修订版；墨西哥政府《2007—2012年基础设施计划》，2007年8月；阿根廷政府《公共工程发展计划》，2008年。

作为经济增长和发展的关键因素，增加基础设施建设及其相关服务的数量和质量对改善经济及社会发展的连通性、流动性效果显著。道路、饮用水、电力、电信、港口、机场、公共运输和城市公共空间，以及其他提供服务的场所是其中最基本的项目，它们通过大规模降低物流成本促进生产力和经济竞争力的提升，同时还使人们更便捷地获取经济服务和教育、医疗等基本公共服务，从而提高生活质量。然而，20世纪90年代由于拉美地区公共投资大幅度下降，地区基础设施服务供给也受到严重影响，其原因主要是80年代地区性债务和财政危机之后大多数拉美国家在其后十余年中推行了财政稳定计划，其中压缩公共投资是重要举措之一；同时普遍对国家债务水平也进行了限定，整体税负水平也处于低位，这些因素同时造成地区融资能力受限。拉美经委会数据显示，1980—1985年，拉美公共投资占GDP比例约为4%，2000年以后这一趋势延续发展，2007—2008年该比率进一步下降到2%；此外在过去的二十年中，尽管私营部门的基础设施投资参与度有所增加，但总体来看私人投资比重的增加并不能够弥补公共投资的减少。有研究表明，2006—2020年为满足企业和家庭对基础设施的新增需求，拉美的基础设施投资需要占到地区GDP的5%左右，综合公共与私人投资两方面来看，上述目标短时期内几乎难以实现。从拉美地区水平来看，基础设施供给的短缺和滞后同样限制了其经济发展。2013年美洲开发银行第 54 届年会指出，拉丁美洲为了继续增长应当进行产业结构改革，并对基础设施进行更多投资。

墨西哥也不例外。如图 5-3 所示，按照 2001—2005 年平均值其在基础设施数量和质量综合指数上均表现不佳，且现有基础设施较为陈旧。针对这一情况，墨西哥《2007—2012 年基础设施计划》提出在公路、铁路、港口、机场、通信及能源基础设施进行全方位的投资建设，其中计划修建 17589 公里公路（含高速公路 12260 千米），预计投资总额约为 360 亿美元；修建、改扩建铁路 2940 千米，新建铁路 877 千米，预计投资 40 亿美元；新建 5 个港口，改扩建 22 个港口，预计投资 60 亿美元；此外新修建 3 个机场，改造 31 个机场，预计投资总额为 50 亿元；吸引 250 亿元私人投资发展通信业务。在与低收入群体直接相关的基础设施上，表 5-3 反映了 20 世纪 90 年代以来市政服务设施正在逐渐改善其分布范围和分布密度。

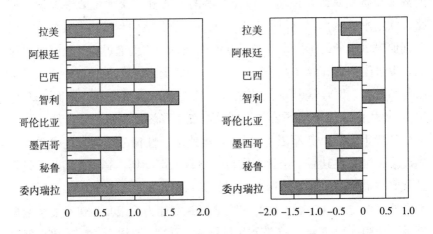

图 5-3 部分拉美国家基础设施数量和质量综合指数（2001—2005 年平均值）

资料来源：CAF：《面向发展的公共财政》，知识产权出版社 2012 年版，第 108 页。

再次，实施高水平的农业项目支持。墨西哥农业支持政策以生产者支持政策为主，如表 5-3 所示，2000—2007 年，墨西哥政府部门的农业支持投入占农业生产收入的比率为 21.4%，其中生产者支持投入占农业生产收入的比率近 19.1%，远高于拉美地区智利、巴西等国，且相当于墨西哥政府近90%的农业支持投入，具体采用价格保障和补贴的形式直接或间接支付给农业生产者。

表5-2　　部分拉美国家供水、卫生设施和供电平均覆盖率以及按收入段划分的覆盖率的差率

国家	供水			卫生设施			供电		
	平均覆盖率（%）	覆盖率比（最富1/5：最穷1/5）		平均覆盖率（%）	覆盖率比（最富1/5：最穷1/5）		平均覆盖率（%）	覆盖率比（最富1/5：最穷1/5）	
	最近一年	1990年前后	最近一年	最近一年	1990年前后	最近一年	最近一年	1990年前后	最近一年
阿根廷	100	1.1	1.0	65	—	2.0	100	—	—
玻利维亚	80	—	1.7	35	—	11.4	74	—	3.0
巴西	93	2.0	1.2	59	3.7	2.2	99	1.4	1.0
智利	97	1.2	1.0	84	1.7	1.2	100	1.1	1.0
哥伦比亚	91	1.5	1.2	75	2.2	1.8	97	1.2	1.1
哥斯达黎加	99	—	1.0	26	—	1.7	99	—	1.0
厄瓜多尔	91	1.9	1.1	57	3.0	2.2	96	1.4	1.1
萨尔瓦多	70	3.7	1.8	—	11.3	—	91	2.1	1.3
墨西哥	89	—	1.2	59	—	3.0	99	—	1.0
尼加拉瓜	65	2.4	2.7	21	8.3	11.2	74	2.1	2.3
巴拉圭	95	1.3	1.1	10	36.6	12.4	97	2.2	1.1
秘鲁	69	—	2.2	57	—	5.2	83	—	1.7
多米尼加	76	—	1.4	25	—	2.9	98	—	1.0
乌拉圭	98	—	1.0	57	—	2.5	99	—	1.0
委内瑞拉	90	—	1.2	91	—	1.1	99	—	1.0

注：1990年前后数据：哥伦比亚，1996年；巴拉圭，1995年；厄瓜多尔，1994年。其他国家则选择1990—1993年有数据的离1990年最近的一年。最近一年：阿根廷，2010年；玻利维亚，2005年；巴西，2009年；智利，2009年；哥伦比亚，2007年；哥斯达黎加，2009年；厄瓜多尔，2009年；萨尔瓦多，2008年；洪都拉斯，2009年；墨西哥，2008年；尼加拉瓜，2005年；巴拉圭，2009年；秘鲁，2009年；多米尼加，2009年；乌拉圭，2009年；委内瑞拉，2006年。

资料来源：CAF：《面向发展的公共财政》，知识产权出版社2012年版，第74页。

表 5 - 3　　　2000—2007 年墨西哥、智利、巴西的农业支持水平　　单位:%

	墨西哥	智利	巴西
1. 农业支持投入/农业生产收入	21.4	8.4	7.7
2. 生产者支持投入/农业生产收入	19.1	6.3	5.7
价格保障	9.7	3.3	1.4
补贴	9.4	3.0	4.2
3. 一般性服务支持投入/农业生产收入	2.3	2.1	2.1
研究与发展	0.4	0.5	0.4
农业教育	0.6	0.0	0.3
检验与检疫	0.4	0.2	0.1
基础设施	0.3	1.2	1.1
市场建设	0.5	0.2	0.0

资料来源: 经济合作与发展组织, Producer and Consumer Support Estimates: Database 1986 - 2007, http: //www. oecd. Org, 访问日期: 2015 年 4 月 1 日。

　　从上面的措施中我们看到墨西哥财政政策着力于推动基础设施、制造业、农业和出口等产业发展以弥补墨西哥产业结构中石油、电信等支柱性行业的高垄断性、农村地区发展不足、土地高度集中以及收入分配严重不公等结构性缺陷,这些措施在部分行业产生了一定效果,然而从总体情况来看并未触及墨西哥产业结构改革的实质。截至 2012 年,在拉美地区秘鲁和智利因得益于其产业结构调整经济增长率领跑该地区时,包括墨西哥、阿根廷和巴西在内的主要拉美大国经济增速放缓,经济发展滞后。墨西哥新任总统涅托公开承认"墨西哥没有实现充分的增长",财政部长路易斯·比德加拉伊则认为,"墨西哥是近 30 年来世界上生产率没有大幅增长的少数几个国家之一",以财政政策进一步大力推进墨西哥全面经济结构改革已刻不容缓。

　　由于基础设施在经济社会结构中的地位非常重要,还需要注意以下三个方面问题:

　　第一,除了加大财政投资力度,应对公共管理政策的设计和实施方式进行合理的规划,这样才能够配合既有基础设施硬件,使其发挥出最大的效益。这一点往往在交通运输和电信方面的基础设施政策实施上得到鲜明的体现。例如,20 世纪 80 年代末 90 年代初期,墨西哥、阿根廷和智利引入了公共工程特许经营模式,即公私合伙关系模式应用于海、陆、空三线交通设施建设。这要求政府出台一套能对各相关方都适用的制度、激励框架来保证政策的总体联系。例如在设计交通基础设施政策的时候，设计方案要全面充分参考交通、物流的需求量，最关键的是要加强各部门与公共部门之间的沟通交流从而形成一个具体科学的实施框架和完整的制度体系。实践表明，尽管各个国家、部门实际执行中遇到各种问题，但随着该模式的引进，各国对基础设施的财政投入以及财政政策在反复调试中基本形成自身的一种制度体系，明显提高了财政在公共基础设施政策的实际实施效益。

第二，引入公共工程特许经营模式矫正政府失灵的同时，需考虑其可能存在的弊端。特许经营合同涵盖基础设施建设投资、建设和运作三个过程。如上所述，其所采用的公私合伙关系模式对降低财政压力、提高和改善公共服务供给及提高竞争力发挥显著的作用，这主要基于以下优势：首先，在该模式下，需求风险由特许经营商来承担，这能有效改善国家投资系统缺陷带来的不利影响，使财政压力显著降低；商业风险则由私营部门来承担，且一般来说只要辅以科学合理的监管体系，此类风险对于私营部门来说即可降到最低；其次，在该模式下，人力资源的管理客观要求更加高效和灵活，在规划整个项目周期的时候也会充分考虑初期的投资和后期的维修成本之间的关系，使两者达到平衡。相比之下，一般的公共工程规划中是没有维护成本这一项的，为了弥补这一不足通常采取的措施是实施服务合同的公共监督；最后，该模式下很多服务都在往付费方向发展，这种发展对于基础设施维护投资具有刺激作用，总体是有益的。因此，我们看到，特许经营模式具有其自身的优势，尤其是能够在一定程度上改善政府失灵的问题。

然而需要注意的是，该模式的引进实施过程中同样存在明显的弊端。一方面，在该模式下国家作为直接供给方，在其明确特许经营者的过程中不可避免会面临机会主义风险；另一方面在资本行业不成熟、信息不对称的环境中，私营组织中也存在风险成本转移均衡相关的问题；此外由于特许经营合同具有长期性，拥有很大的交易成本，因此有一些基础项目并不适合使用特许经营模式。如果以上问题处理不得当，则政府采取特许经营模式将难以获得预期的投资效益。为应对这些问题，不妨把特许经营当成是一种公共类型的项目，它在一定程度上能够增加公共账户的公开性。这样一来，例如在财政核算的整改上，可从特许经营的挑选成效方面着手，来达到防止盲目投资的目的，同时把财政方面的责任转移到将来环节当中。国家既是掌控特许经营方面成效的管控方，又是协议完成后项目的接收方，假设基于公共基础设施的总体布局来核算特许经营，就可以完成将"投资效益"作为前提的研究。完成这些研究以后，就可以测评项目，最终确定合同协议的具体内容。

第三，将财政政策运用于公共投入，应当注重结合不同的行业做好战略性规划。以交通运输为例，拉美地区因为不完善的制度等原因，其公共基础设施设计机构和交通运输部门仍然存在体制割裂、协作不足的情况，从而造成多模式的运输方案协调统一不足。例如在墨西哥，其港口、铁路和主干道之间的连接严重受限，绿色低碳交通模式引进的勉励政策也不到位。因此，怎样充分利用起政策效应，一定要和一系列机制架构、设计充分联系起来。

二 促进公共产品的财政政策

从长期增长理论视角来看，资本积累与人力资源储备不足是制约当前拉丁美洲经济可持续增长的重要瓶颈因素。其中有关资本积累的理论指出，在任何情况下，尽管资本积累不再被视为贫困国家摆脱困境的灵丹妙药，然而，只有社会能在国民生产总值中保持一个相当规模的投资比例才能在长时间内维持适当、强劲的经济增长。由于一国资本积累的主要来源是国内储蓄与利用外资，而拉美许多国家长期以来由于历史发展模式原因普遍存在储蓄率低及外资依赖等问题，资本积累薄弱，对经济增长的推动作用有限。因此在本节中，我们重点关注教育和科技创新方面的财政政策。

（一）公共教育投入

内生经济增长理论认为教育在推动人力资本积累和提高方面发挥着重要的作用，OECD 国家的实证研究经验也表明教育是经济增长的重要助推力，其中一项研究表明 OECD 国家劳动人口平均每多接受一年教育，其人均 GDP 能增加 4% 至 7% 不等。[1] 从宏观的角度研究教育与经

---

① OECD：《2009 年拉丁美洲经济展望》，世界知识出版社 2009 年版，第 252 页。

济增长的联系其重点集中于教育的投入，并且教育的数量和质量应得到
同等的重视。

　　拉美地区的教育不平等程度，无论是受教育机会还是受教育程度，
均非常严重。很长的一段时间，拉美地区在公共教育方面的全部支出均
比 OECD 国家低。从 2000 年开始，拉美地区基本上多数国家的投资、
社会支出等有显著上升，其中公共教育支出略微上升，占 GDP 的比率
约为 4%，略低于 OECD 国家 5% 的平均水平。如图 5 - 4 所示，每一个
时期的教育经费配置情况表明，拉美地区的教育投入基本上较为集中于
初中等方面的教育；与 OECD 国家相比，其学前教育投入基本上持平，
但是在高等教育方面的投入明显较低，在生均投入占 GDP 比率方面，
高等教育和其他时期比较起来是相对较高的，在这一点上，墨西哥表现
得最为突出。

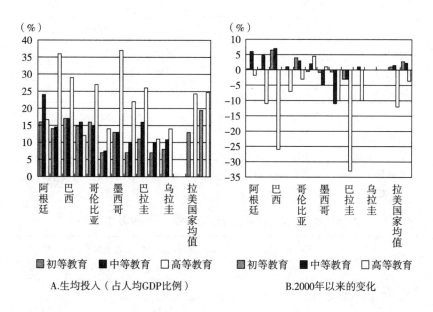

图 5 - 4　2000 年以来墨西哥与拉美 6 国、OECD 国家的公共教育支出

　　根据世界银行公布的数据①，在表 5 - 5 中可以看到 2005—2009 年

---

　　①　CAF：《面向发展的公共财政》，知识产权出版社 2012 年版，第 95 页。

墨西哥与其他国家教育的支出情况，其中墨西哥的公共教育支出占总支出为4.89%，接近5%，拉丁美洲各个国家公共教育支出占GDP比率约为4%，相比而言墨西哥超出了一点，与排在第一位的欧美以及中亚地区相比还是存在一些差距。从拉美地区内来看，玻利维亚的公共教育支出占比最大，约为6%，而秘鲁以及危地马拉两国的占比不到3%。从对每名学生的教育经费支出占GDP比率数据来看，拉丁美洲则属于经费明显较低的地区，相比于欧洲和中亚地区的24.78%，墨西哥仅为14.03%，地区最高的阿根廷达到20.62%，危地马拉最低为5.33%。从师生比的情况来看，虽然拉丁美洲要比南亚等地区高，与东亚基本持平，但是仍然与发达国家存在非常明显的差距。

表5—4　　　　　拉美部分国家按教育阶段划分的教育转移支付

（实物支付）集中度指数（若干年）[a]

教育阶段	阿根廷	玻利维亚	巴西	墨西哥	秘鲁
初级教育	−0.37	−0.15	−0.31	−0.24	−0.35
中级教育[b]	−0.23	0.06	−0.21	−0.15	−0.20
高等教育	0.20	0.42	0.46	0.31	0.31

注：a. 若干年，指阿根廷，2009年；玻利维亚，2007年；巴西，2009年；墨西哥，2008年；秘鲁，2009年。

b. 中级教育指数初中阶段；高中阶段指数为正值0.02。

资料来源：CAF：《面向发展的公共财政》，知识产权出版社2012年版，第72页。

表5—5　　各地区和拉美部分国家教育投入（2005—2009年平均值）

地区/国家	公共教育支出占GDP的比重（%）	按每名学生计算的教育支出占人均GDP比重（中学,%）	师生比（中学）
撒哈拉以南非洲	4.68	29.03	0.04
北美	4.23	18.67	0.10
东亚—太平洋	4.01	17.40	0.06
欧洲和中亚	4.94	24.78	0.10
中东北非	4.68	18.68	0.07
南亚	4.30	18.85	0.04

续表

地区/国家	公共教育支出占GDP的比重（%）	按每名学生计算的教育支出占人均GDP比重（中学,%）	师生比（中学）
阿根廷	4.72	20.62	0.08
玻利维亚	6.31	14.49	0.06
巴西	4.90	15.80	0.06
智利	3.33	13.02	0.04
哥伦比亚	3.98	12.55	0.04
危地马拉	3.08	5.33	0.06
墨西哥	4.89	14.03	0.06
巴拿马	3.82	12.63	0.06
秘鲁	2.62	9.77	0.06
乌拉圭	2.77	10.13	0.07
委内瑞拉	3.66	8.18	0.10
所选国家平均值	4.01	12.41	0.06

资料来源：CAF：《面向发展的公共财政》，知识产权出版社2012年版，第96页。

　　根据不同年龄段的情况来看，拉丁美洲在中学教育阶段中已经取得了很大的进步，但是这却难以改变该地区总体教育覆盖情况，并且不同收入水平社会群体在教育可获得性上呈现出巨大差异。一项针对18—23岁的社会群体进行的调查研究显示，在高等教育这个阶段，不同收入水平群体的教育可获得性差异最大：生活水平最高且富有的五等分的社会群体与生活质量最差、最穷的社会群体在高等教育方面的入学率相比，前者甚至达到后者的十倍。实际上，从20世纪90年代起，拉丁美洲地区高等教育体系可获得性情况始终令人担忧，始终无法使更多人获得机会进入该体系，且不均衡的趋势难以有效控制。如表5-4所示，拉丁美洲地区各个国家按照教育阶段划分的教育转移支付，其集中度指数显示，巴西、秘鲁、阿根廷以及墨西哥在小学以及中学这两个年龄段的教育投入，其集中指数呈现出负数的情况，墨西哥分别为-0.24，-0.15，这意味着墨西哥在教育方面的实物转移支付模式的应用程度比较低，累进程度也不佳；除此之外，在高等教育投入方面，墨西哥的集中度指数仅为0.31，与秘鲁持平，低于玻利维亚和巴西。以上数据一定程度表明，长期以来这些国家不同阶段教育覆盖率的不均衡发展现象与教育事业支出的分布非均衡性存在关联。

除此之外，就拉丁美洲各国的教育质量而言，由于其实际衡量标准难以完全统一，如仅按照国际惯用的教育质量效率指数以及 PISA 测试成绩等指标进行考核，拉丁美洲各个国家的实际表现远远低于发达国家。从表 5－6 可以看到，拉美和加勒比地区教育质量的效率指数平均为 76.02，远远低于北美地区的 98.30，东亚—太平洋地区的 94.20 和欧洲与中亚地区的 89.94。拉美区内最高的是乌拉圭，达到 76.79，而最差的分别是墨西哥以及阿根廷，其中墨西哥在 2006—2009 年的测试中的成绩是 74.93，这个分数属于较低水平，甚至低于中东北非地区平均水平 74.99。如果将教育人均支出以及相关的社会经济环境影响因素考虑在内，拉丁美洲的情况与生产边界也是十分贴近的，这表明拉美地区教育效果不佳的主要原因之一在于经费的欠缺，以及社会环境中存在一些不利影响因素。

表 5－6　　　　各地区和拉美部分国家教育质量效率指数
（2006—2009 年平均值）

地区/国家	PISA 测试成绩 （相对于最高分）	效率指数 （只考虑投入）	效率指数 （考虑投入和环境变量）
北美	98.30	93.60	93.81
拉美和加勒比	76.02	87.24	87.63
东亚—太平洋	94.20	96.49	96.87
欧洲和中亚	89.94	91.53	92.38
中东北非	74.99	74.62	77.62
阿根廷	70.34	81.01	81.22
巴西	71.02	83.53	86.29
智利	78.67	91.72	90.05
哥伦比亚	70.52	85.71	87.77
墨西哥	74.93	83.36	85.44
乌拉圭	76.79	95.47	93.35

注：结果变量：2006—2009 年 PISA 测试成绩平均值；投入变量：人均公共教育支出（经购买力平价调整，为 nSA 测试前 5 年的平均值）；环境变量：人均实际 GDP（经购买力平价调整）、成人接受学校教育年数，均为 PISA 测试前 5 年的平均值。产量型效率评估，采用随机边界法确定。

资料来源：CAF：《面向发展的公共财政》，知识产权出版社 2012 年版，第 97 页。

　　由于在拉丁美洲各个国家中除了公立教育机构之外，还存在大量的私立教育机构，这一部分的教育投入同样值得关注。但是如图 5 - 5，在拉美各个国家私人投入以及公共投入在教育事业中的经费使用情况中可以明显看到墨西哥私人在教育事业中的投入占比情况在拉美地区大国中是处在较低的水平。由于在拉美地区公共教育经费的支出主要是补贴学校，这也就意味着，墨西哥公共教育体系投入的经费成为该国教育总体投入最重要的部分，公共教育指标和全部教育指标之间存在高度的相关性。2009 年拉丁美洲各国公共教育部门 PISA 测试结果与全部教育测试结果之间的相关系数达到 98%，这也验证了拉美地区各个国家的教育经费支出很大程度上依赖于政府的公共教育经费投入，墨西哥是其中典型的例子。

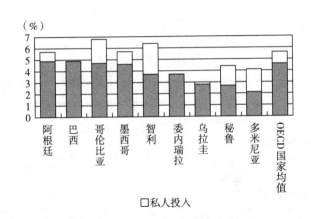

图 5 - 5　墨西哥与拉美和加勒比 8 国、OECD 国家：公共与私立教育投入占 GDP 比例

　　注：教育机构与政府总投资占 GDP 百分比，包括各层次教育的公共和私人投资。巴西和委内瑞拉私人投资数据缺失。

　　资料来源：联合国教科文组织统计局，http：do. doi. org/10. 1787. /888932522911。

　　在墨西哥案例中值得关注的是其自 1997 年开始实行的"进步计划"（PROGRESA），该计划主要是针对农村偏远地区儿童，旨在帮助解决教育及卫生方面的问题。就教育问题来说，该计划为符合条件的儿童提供了一定额度的奖学金，获得奖学金的家庭需要保证其子女在没有

满 18 岁之前都在公立学校中接受相关的教育，不得在中途辍学，从而
达到有效地提高农村子女的受教育程度。但是，在图 5-6 中，对于小
学阶段的农村儿童来说，该计划并没有有效地提高该地区的就读率现
状；最显著的差别出现在初中一年级阶段，一方面随着转移支付计划的
推进，中学一年级连续就读率，即升入初级中等教育的比率提高了
12%，另一方面仍然有高达 24% 的儿童选择了辍学。对于这 12% 的儿
童来说，转移支付计划有助于促进该地区对人力资本的投入；然而对于
更多的家庭来说，他们选择不再借助依靠转移支付的方式换取孩子继续
接受教育。相关进一步的研究表明，对大多数的父母来说，支付转移计
划所得到的补贴不够孩子在学校学习的所有经费，是其不愿意继续让孩
子接受教育的原因之一。

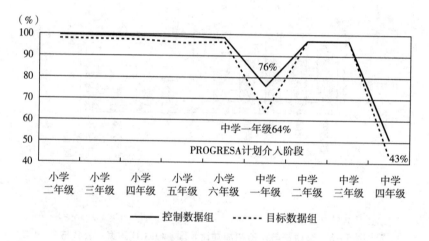

图 5-6　PROGRESA 计划按教育阶段确定的继续就读率（1994—2002 年）

资料来源：OECD：《面向发展的公共财政》，知识产权出版社 2012 年版，第 127 页。

　　总的来说，就教育经费的投入情况，拉丁美洲各个国家的公共教育
经费投入占 GDP 比率仍有差距，生均教育经费投入占比处于国际较低
水平，不过更为普遍出现的情况是其教育质量效率不佳，并且还会影响
到已经投入的教育经费所应发挥的实际效果。就墨西哥的情况而言，其
教育支出在很大程度上依靠政府的公共教育投入，而国家内部的教育质
量效率偏低的情况使该国教育现状十分糟糕，这也势必在中长期造成墨

西哥国际竞争力的不足。墨西哥政府推行的 PROGRESA 计划没有按原计划取得应有的效果，中学阶段的辍学率没有得到大幅度改善，实际的人力资本回收率不高。相关的研究数据表明，应该重新制订相关的计划，结合实际情况使给付水平与选择标准得到有效的改善，国家公共交通配套设施存在一定的缺陷也是该项目参与程度较低的另一个原因，因此一个国家制订的计划还必须与其配套实施的实际情况相联系。①

（二）科技创新投入

正如前面讲述的那样，在 20 世纪 90 年代的"二代改革"后，拉丁美洲各个地区的发展目标先后顺序产生了极大的转变，由原来的宏观经济稳定以及控制通货膨胀模式下的经济发展模式转变成了依靠生产力创新的社会经济发展模式。拉丁美洲等国家在以往发展过程中遗留下来的发展模式被看成是创新技术的孤岛，生产率较低一直以来都是该地区的难题。有关数据显示在 2003—2007 年，拉丁美洲等一直以来都没有利用先进的技术进行生产活动，国家劳动生产率年均增长量仅有 2%，此外将其与美国相关制造行业相比，可以看到两者差距日益加大。从生产力变革的角度来看，拉美国家的首要任务就是将先进技术投入到生产中，从而提高产品的竞争能力，高科技含量的产品有利于满足国际需要，提高国内就业岗位的质量要求。

从科技创新的角度来看，和一些发达国家情况不同的是，拉美地区的科技创新投入主要依赖国家公共部门的投入支持，私营部门创新的研发与应用没有得到足够重视，缺少创新能力，对整个国家的创新贡献非常少。随着发达国家及部分新兴国家私营部门在创新研发中投入的时间及经费不断上涨，拉美国家科技创新能力与这些国家的差距将进一步拉大，短时间内难以改变现状。因此，对于拉美国家来说，一方面公共部门的投资十分关键；另一方面由于技术创新本身是一个循序渐进的过程，需要包括教育机构以及科研机构、政府、私营企业等不同领域相关机构和人员的参与，因此在政府倡导下统筹各领域的优势力量共同参

---

① 总体看，在拉丁国家有些情况下距离最近的学校都位于 10 千米以外，且缺乏适当交通工具的情况下，这种水平的转移支付能够提高入学率。为此，包括就近建设学校和在学校居住区之间提供公共交通服务等配套措施是十分必要的。

与、积极协作就变得十分重要。具体来说，政府制定一些致力于推动技术创新的鼓励政策是各个国家的普遍做法，只有这样才能调动社会技术创新的积极性，推动国家的发展与进步。

在图 5 - 7 中，2004—2008 年的统计数据结果显示，拉丁美洲各个地区和加勒比地区在科技创新的研发经费投入和 OECD 国家对科技创新的支持力度之间存在很大的差距，前者的科技研发经费占国家 GDP 比率不及后者的 1/4。尽管该比率在 2004 年是 0.5%，在 2008 年上升为 0.6%，取得了一定的进步，但是与 OECD 国家同时期进行比较，依旧相差非常大。从地区内部来看，各国研究经费支出在最近几年差异趋势也逐渐扩大，如图 5 - 7 所示，巴西、乌拉圭及阿根廷的科技研发投入相对较高并持续上升，墨西哥则远远低于这些国家，也低于古巴、智利和哥斯达黎加，且科技研发投入甚至有下降的趋势。

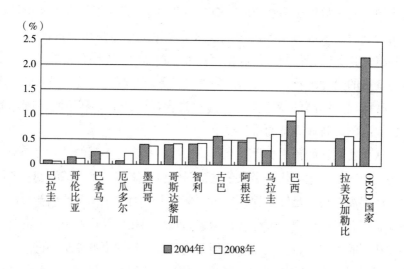

图 5 - 7　研发投资占 GDP 比重：墨西哥与拉美 10 国、OECD 国家
(2004—2008 年)

资料来源：联合国教科文组织。

从企业从事创新活动来看，拉丁美洲地区的企业面临以下几方面问题。首先，规模不相同的企业创新行为各有不同，一般来说，中小企业在创新过程中遭受到的阻碍会比大型企业多。相关的研究数据显示，小

型企业在信贷、风险防范能力以及规模化等方面会出现较多的问题，这些因素均使其科技创新研发的实际活动受到极大的约束。因此，对于中小企业来说，国家出台面向中小企业的相关激励政策就会发挥较大的影响力，在一定程度上缓解这些企业在创新过程中遇到的障碍。此外，在拉丁美洲地区还普遍存在专利保护意识十分低的现象，这也十分不利于创新技术的研发与应用。因此政府在考虑与实际生产力发展相协调的同时，针对以上问题制定相关扶持政策也面临极大的挑战。就外部的情况来观察，随着国际市场的不断一体化，包括新一代信息技术、新材料、新能源技术以及生物工程技术等技术在全球范围内突飞猛进的发展，各个国家都争先恐后地将技术创新加入到国家预算之中，也使得创新体系不断呈现出各不相同的形式。此外，除了经费支持外，各国还将公共扶持政策与机构联合起来，共同培育、推动科技的创新；或者在创新技术研发出来的一段时间内，利用创新扶持政策促进创新成果的应用，进而推动本国在国际市场中竞争中形成一定的优势。

面对快速变化的国际环境，拉丁美洲地区也有必要做出相应的政策调整。近几年来，总的来说拉美地区已经在实施相关政策，逐步将现代化的发展与科技创新联系在一起，形成了"国家创新体系"，落实相关的创新扶持政策，并且取得了一定的效果。在这种发展模式下，创新模式不再被视作一种简单的政府行为，而是具有多重功能的综合性公共政策或公共产品，通过促进科技创新可以完善国家的生产工具，还可以扶持私营企业以及社会机构、相关的科研机构和教育机构在长期科技创新中逐渐发挥作用。具体说来，主要在以下几个方面取得了相关的进步：

（1）推行了公共政策相关的模型，强化国家的创新能力；

（2）制定了新的适应国家发展情况的政策工具，尤其是新的金融机制以及技术转让办法；

（3）在机构建设上取得了极大的突破，可以利用战略情报来估算政策带来的影响程度；

（4）实施了新的管理与治理办法，有针对性地制定政策，突出以协调各级政府之间的创新工作为重点。

从墨西哥的案例情况来看，其实际情况是：

第一，墨西哥的创新格局还没有形成集中的模式，政府的相关扶持政策没有落实到创新框架体系中。墨西哥创新政策的领导人是墨西哥国家创新技术委员，该委员主要通过制定专门的部门基金用于对创新事业的支持，其所在的国家创新技术委员会掌握着全部的机构设置信息，在每个地区都设置相关的办事处，用以合理调动各个地区的人力参与其中，从而有效地提高国家的创新能力，提高企业的核心竞争力。该机构的主要工作任务包括：推动创新技术的基础体系发展，促进其实际应用的研究进程；完善管理培养模式，加强人才的培养能力；推动墨西哥技术委员会自身的发展。墨西哥国家创新技术委员一般是在联邦级委员会从事相关工作，另外，还在国家技术委员会的帮助下，某些研究机构可以参与到公立大学的培养计划中进行科研，从而建立起优势互补的合作方针，一些属于科技研发型的企业与相关的技术服务机构也联系在一起，例如 INFOTEC 以及 Canacintra。

第二，在融资政策领域以及技术转让中的创新方式，想要实施并且落实创新政策，最主要的措施是要设计资金的相关机制，但是目前国家的财政政策并没有发挥其应有的作用。目前从墨西哥的相关资金机制安排来看，并未强调引导企业了解科技创新对自身竞争能力以及国家综合国力的重要性，尤其是对自然资源的利用往往都是寻租行为的一类私营企业。因此政府在制定公共政策的时候，应该重视私营部门的研发与创新能力的扶持。如前所述，考虑私营企业，特别是中小规模企业在实际研发中遇到的问题，例如利率利息费用、信贷市场、与教育机构研发机构合作资源有限、国际市场的竞争环境等问题，可以按照不同规模的企业制定不同的创新政策，分类落实实施：①直接性的奖励政策，比如对其有一定的税收优惠、政府补贴、信贷补贴等；②间接性的激励政策，比如免费开展相关的技术型人才培训课程、提供相关的公共物品、成立孵化器以及技术顾问中心等。此外，还可以按照另外的分类方式，对这些创造政策进行重新分类，如横向的激励政策与选择性的激励政策，选择性的激励政策主要是按部门以及公司的经营规模等对其进行划分。创新激励政策的服务对象可以是供应方，这时公共管理部门应该制定详细的措施从而更好地推动私营部门的研发经济性；如果服务对象为需求方，可以由社会对项目提出需求计划，由私营部门进行研发，从而形成创新成果。

第三，企业融资方式缺乏多元性，与财政政策的结合方式缺乏灵活性。国家对于企业的某些创新活动的财政支持资金主要来源于公共部门，比如多边贷款和资金再分配等；用于创新的资金也可以是企业从生产部门融集而来的。从企业来看，目前其融资模式主要是补助金、贷款两种。贷款主要是应急贷款和优惠贷款，补助金主要是直接的资金补助或者间接的资金补助，例如非偿还性捐款、人力资源培训资金等。从政府来看，财政补贴的提供与管理也有两种方式，一种是先来先得的提供模式，即补贴资金有限，先提出创新项目的企业就能够优先获得批准。另一种则采取公开招标的提供模式，通过对各企业提交的项目进行评估确定能够获得资格的项目。从一些在科技发展上取得了较大进步的国家的发展经验来看，要想缩小技术差距，必须依赖于各种信贷方式与融资工具的结合，当然也离不开财政政策上的支持，如直接补贴或间接补贴以及税收优惠等。为了最大程度发挥创新活动支持的作用，应采取各种政策相结合的方式，在满足不同需求的同时还能提高激励措施的有效性。采用合理、恰当的财政补贴提供方式不仅能够为企业提供资金上的便利，还能确定优先发展部门，促进"技术预见"的发展，例如一种选择是以优惠贷款的方式给予项目财政支持，另一种则是采用直接补贴的方式，对企业的一些创新项目，如新产品开发、新工艺、研发实验室等进行直接补贴；而对于研发试验室来说，应给予相关进口税和国内税减免的激励措施，吸引更多的人参与到创新投资中。此外，企业自身的融资机制也要有所发展，比如风险投资就可以给技术型的公司提供支持。

总体来说，创新活动的国家体系建设十分重要，其具体激励措施制定由于具有不确定性的，需要根据国家的战略、税收系统、财政状况、是否有投资银行以及技术优先安排等情况来协调安排。在提高公共政策制度与企业融资方式的融合程度方面，除了要加强政策间的协调性以外，还要提高财政政策的透明力度，充分发挥财政政策在科技创新上的积极作用，实现更高收益。此外，由于国际市场多变，对项目预算的约束往往存在不确定性，这就需要提高公共政策的管理效率，提高项目应对多变环境的能力。

第六章　墨西哥 1994—2014 年 财政政策效应

——"收入分配"的视角

　　如前所述，2000 年以后，随着拉美各国在"二代改革"中对新自由主义经济改革进行反思，"包容性增长"与"社会凝聚"理念在拉美的广泛传播，20 世纪 90 年代遭到长期忽视的社会问题又一次进入人们的视野，人们开始重新审视经济增长和分配之间的各种关系问题。70 年代，拉美国家也曾集中、激烈地讨论过收入分配不均日益严重的问题，并发展出一系列地区性收入分配经济理论。基于对巴西"经济奇迹"的发展分析，巴西经济学家西蒙森和内托分别提出了著名的"积累理论"和"蛋糕理论"，两种观点均认为应当集中力量促进经济增长，试图依靠增长来解决收入差距拉大的问题。

　　"滴漏理论"诞生于 20 世纪 80 年代以后的新自由主义思潮，即拉美国家经济转变发展模式的过程中，它认为自由市场的经济制度可以依靠高增长来一定程度地解决贫困和分配问题。但是从长远角度来看，在拉美地区不同的发展模式时期，经济增长均未带来分配和贫困问题的自发改善。"社会凝聚"理念便旗帜鲜明地指出社会进步的基础条件是经济增长和就业，但是一国中长期的发展离不开国家在公共支出中所起到的作用，一国政府的财政政策在实现社会凝聚目标中具有极为重要的意义作用。在分配和贫困关系讨论中，要重视国家在此过程内所扮演的角色职能，其所制定的公共性政策和财政货币政策对于国家的初次分配和再次分配都有着不可替代的重要作用。在 OECD 大多数成员国中，通过向低收入阶层进行数额可观的转移支付，并采用各种累进的税收政策能够显著降低收入差距。然而在拉美国家，由于本地区财政领域仍面临个人直接税税率较低、公共支出针对性有限和转移支付规模有限的问题，公共财政政策在调节收入再分配方面作用有限。具体到墨西哥案例，税收与转移支付这两条主要渠道的实际效果均表现不佳。

推动打破拉美国家税收和财政收入结构的"低效均衡"，建立面向"包容性发展"的公共财政政策成为包括墨西哥在内拉美各国财政政策的一个焦点问题。

第一节　墨西哥税收与收入分配相关性研究

税收是一国财政性收入的主体构成部分，所以国家在社会支出中是否有足够的经济实力取决于财政收入的高低水平。20世纪90年代以来，拉美各国在经济结构性调整过程中广泛开展了税收制度的调整，一方面降低了现有的所得税率，例如推出的税收抵免制度最高可以有50%的免税额；另一方面进一步调整税收结构，增值税逐渐成为拉美主要的税种。

在财政政策的主要工具中，税收直接影响并参与了再分配和财政收入，所以对收入分配起到第一位的作用。具体从作用机制上来看，有以下两条途径：第一，从税收总量来说，使税收收入占GDP比例保持在一个相对合理乃至较高的水平，可以有效提高政府财政收入，从而提高社会支出的财力，间接对初次分配的结果进行再分配调节；第二，从税收结构来说，通过某些税种的累进性或累退性可以直接参与收入再分配调节，影响收入分配的效果。[1] OECD国家税收发展经验显示，所得税一般来说为第一大税种，主要包括企业所得税和个人所得税，其对于收入分配调节具有明显直接作用；增值税为第二大税种，且由于是针对商品和服务就其实现的增值额所征的间接税种，从而使其具有了税收中性的原则，较少考虑公平性原则。

就第一条作用途径来说，首先从拉美地区全区来看，一方面，其公

<hr>

① 黄乐平：《"包容性发展"与收入分配：智利的案例》，中国社会科学出版社2016年版，第141页。

共财政整体状况在逐步好转，总体公共财政支出量与效率较以往都有提高，较明显改善了贫困人口生活水平以及收入的再分配。这主要是由于：第一，公共债务从 20 世纪 90 年代初占国内 GDP 比重的 80% 下降到近年的 30%，结构也有了一定的调整；第二，2000—2010 年由于财政收入上升，大部分国家无论在社会支出方面还是投资方面，都有显著的增长。但是同时，从国际横向来比较，拉美各国呈现出显著的税收收入不足的特征，其税收水平上与 OECD 国家差距较大。如表 6-1 所示，2000 年，OECD 34 国税收收入占 GDP 比重达到 26.3%，而拉美 19 国平均税收收入占 GDP 比率仅为 12.7%，其中墨西哥该数值排名本地区倒数第二，仅为 10.1%，这导致其财政总收入占 GDP 比率仅为 17.4%，低于拉美 19 国平均水平 19.6%，更远远低于 OECD34 国平均水平 41.4%，2011 年，税收占 GDP 比重进一步下降到 9.7%，可见其税收收入严重不足。此外，也有研究对比各个国家再结合其各自的发展水平显示，拉美地区总体税负较低，普遍存在不照章纳税的情况，净纳税人数量少，仅有 10%—30% 的劳动收入家庭承担个人所得税的税负；但各国的潜在税收数额比实际的税收数额要高，而其中墨西哥同样是最具有典型性的。因此总体来看，低税收在墨西哥毫无疑问较大程度上影响了财政收入，使国家在社会支出和再分配方面处于被动地位。

表 6-1   **部分国家税收收入和财政收入占 GDP 的比重**

(2000 年、2011 年)[①]   单位:%

	税收收入		税收收入 +		财政总收入		税收占财政	
	2000 年	2011 年	2000 年	2011 年	2000 年	2011 年	2000 年	2011 年
阿根廷	18.1	27.4	21.5	34.9	25.0	38.0	72.4	72.1
巴西	23.0	26.0	30.1	34.8	32.5	38.3	70.8	67.9
智利	16.9	18.9	18.2	20.2	21.9	24.6	77.2	76.8
秘鲁	12.4	15.3	14.1	17.0	17.0	19.4	72.9	78.9
墨西哥	10.1	9.7	11.9	11.4	17.4	19.5	58.0	49.7

---

① CEPAL, Panorama Fiscal de America Latina ger Caribe: Reformas Tributarial y Renovacin del Pacto Fiscal, Santiago de Chile, 2013, pp. 12-13.

续表

	税收收入		税收收入+		财政总收入		税收占财政	
	2000年	2011年	2000年	2011年	2000年	2011年	2000年	2011年
拉美19国*平均	12.7	15.7	15.4	19.1	19.6	23.6	64.8	66.5
OECD 34国平均	26.3	24.7	35.2	33.8	41.4	40.5	63.5	61.0

注：*不含加勒比地区国家。

就第二条作用途径来说，尽管拉美地区许多国家税收结构特征也不合理，直接税比重低，侧重非直接税、高税率，墨西哥恰好相反，其第一大税种为所得税；然而，墨西哥由于政府税收努力不足，社会非正规就业比例高，且偷逃税现象普遍，在一定程度上在个人所得税方面其对收入分配调节作用几乎处于失效的状态，与此同时，拉美地区全地区个人所得税征收也远远低于OECD国家9%的平均水平。

从个人所得税起征点来看，在OECD的各经济体中，个人所得税的起征点较低，只要是劳动家庭的收入超出全国收入水平的就应该成为纳税人。如表6-2所示，在拉美地区除了阿根廷、墨西哥起征点值分别为0.3、0.5，远远低于地区平均1.4以外，其他国家的个人所得税征收起点都要高于大部分人的收入，也就是说，墨西哥很多工薪阶层人士正是个人所得税的主体税负群体。在税率方面，由于墨西哥税收体系同时存在供给和需求均不充足的效应[1]，提高税率会造成中等收入群体的税收负担，非但无法调节分配的公平，进而还对资本积累产生负面影响，从而打击消费和投资，影响经济增长；墨西哥政府还设定部分免税政策和个人税收减免，其初衷原本是好的，但实际情况是88.7%的个人退税政策的受益对象是10%的最富有人群。这些原因又在一定程度上导致劳动者从正规部门向非正规部门转移逃避税收，从而进一步加重减少税基的风险。从表6-3中可见，尽管2007年9月卡尔德龙政府推出财政改革方案，对偷税漏税行为进行打击并对税收豁免进行压缩，然而近年来，墨西哥平均非正规就业率已高达60.5%，在拉美地区居于高位。

---

[1] Juan Carlos Patiño, José Luis Martinez Marca, jesús Castillo Rendén, "Reforma Fisacal y Su lmpacto en Las Finanzas Estatles y Municipales en el Estado de México", México, UNAM y Miguiel Angel de Porrúa, 2011, p. 206.

表 6 – 2   拉美部分国家个人劳动所得税最低和最高税率适用的
            收入水平（人均 GDP 倍数，2010 年）①

	阿根廷	巴西	智利	哥伦比亚	墨西哥	拉美平均
起征点	0.3	1.1	1.0	2.8	0.5	1.4
上限	3.7	2.7	11.2	10.7	3.4	9.1

表 6 – 3   拉美部分国家平均非正规就业率

国别	1990 年前后	2000 年前后	近年来
阿根廷	31.2	38.5	35.3
玻利维亚	—	66.3	68.2
巴西	37.8	35.9	28.9
智利	21.4	23.7	22.0
哥伦比亚	—	—	48.0
哥斯达黎加	31.1	34.1	27.5
厄瓜多尔	—	51.4	60.3
萨尔瓦多	60.2	47.0	48.6
危地马拉	—	65.6	64.9
墨西哥		54.8	60.5
尼加拉瓜	62.3	68.0	66.6
巴拉圭		72.6	68.3
秘鲁		77.1	54.6
多米尼加	—	—	28.5
乌拉圭			19.5
委内瑞拉	—	31.9	—
简单平均值	40.7	51.3	46.8
加权平均值（按人口）	36.7	45.4	43.2

注：法律定义，按 1990 年、2000 年和近年来三个阶段统计。

资料来源：CAF—拉丁美洲开发银行主编：《面向发展的公共财政——加强收入与支出之间的联系》，知识产权出版社 2012 年版。

---

① 黄乐平：《"包容性发展"与收入分配：智利的案例》，中国社会科学出版社 2016 年版，第 111 页。

为改变上述状况，2013 年墨西哥新一轮税改做出了新的调整，实行个人所得税差异化征税措施，加强落实个人所得税的累进制。即自 2014 年起，对年收入超过 75 万比索、100 万比索和 300 万比索的高收入人群分别征收 32%、34% 和 35%％的个人所得税，税率为 34%，高于此前的税率上限 30%。

在企业所得税方面，联邦企业所得税最初的标准税率为 34%，2000 年起企业所得进行再投资的所得税率降为 30%，同时对出版商税率优惠可达 50%，即按 17% 的税率征收，对国家支持和保护的行业给予 25% 到 50% 的税收优惠。2005 年墨西哥政府为吸引投资、创造更多的工作岗位拉动经济实行了重要的改革，从当年 1 月 1 日起允许企业将本纳税年度内缴纳的利润分享税从其应税所得中扣除，以期望该项改革能和 2007 年所得税率下调为 28% 的政策一起，大力吸引国内外的投资者。依据该改革方案，墨西哥企业所得税在公司层面实行一次性征收，税后所得分配后雇主无须再从职员的薪资中扣缴所得税；最高税率进一步下调，分别为 30%、29% 和 28%，各种优惠税率也相应下调。自 2008 年起，墨西哥政府进一步对正规或非正规部门进行合并统一企业所得税征收，将营业额减去包括劳动成本在内的各种成本后作为税基，初期税率定为 16.5%，之后上升到 17%。然而，2010 年墨西哥政府再次增加企业所得税，最终税率稳定在 17.5% 上，2013 年税改一揽子方案中所得税法变化最大，包括再次取消对专门从事农业、畜牧业、渔业和林业企业的税率优惠政策，对企业所获的股息和利润征收 10% 的红利所得税，针对小企业的税收制度，即小额纳税人制度（REPECO）逃税普遍的现象，颁布针对小企业税制——参与税收制度（RIF），鼓励非正式企业正规化、采取共同发展战略，通过这一机制为小企业提供优惠措施。由此可见，在兼顾促进增长与提高税收收入以改善收入再分配的不同目标中，企业所得税的征收往往难以兼顾，持续处于频繁调整状态。

在其他税种方面，拉美地区的增值税、各种产品和服务所得税和企业的所得税的提升是总体趋势。墨西哥政府也实行了配套的多项税收改革措施，比如卡尔德龙时期即增收 5.5% 的燃料税、对超过 2.5 万比索的月现金存款征收 2% 的银行税以及对博彩和赌博行业的特种税，通过这些改革措施调整其税收结构中不合理、不充分的因素，主要方向是通过扩大税基、非所得税税收提高税收收入等不同措施改善财政收入规模，加大财政政策的调控能力。此外，有研究显示由于墨西哥越来越认识到所得税税收对国家经济发展的扭曲作用大于增值税，正致力于削减其在总体税收体系中的重要性。

综上所述，一方面，墨西哥税收严重不足（偷漏税和非正规经济较为普遍、税收支出较多造成）严重影响了政府定期获得稳定的资源并运用财政政策工具履行各项职能的空间，包括改善收入分配的功能。这也表明，墨西哥亟待恢复民众的信任和国家的调节作用，有必要通过达成一个应对长短期挑战的财政约定，来建立一个较强的社会契约，从而逐渐改善税收不足的问题。另一方面，墨西哥税收结构的严重不合理，来自于个人所得税所贡献的比重较小，而个人所得税税基较窄，税率累进性不足等种种税制缺陷，造成税收负担高度集中于各工薪阶层，对于调节初次分配和再次分配都呈现出负面效应。而这又反过来加强了税务管理薄弱、偷税行为猖獗和纳税积极性低。因此，持续推进税制改革对于改善分配至关重要。最后，根据"拉美晴雨表组织"的一项民意调查，税制改革中一项巨大的挑战就是重新赢回民众的信任，他们在这个调查中很少为偷税行为开脱，并且不认为税负过重。所以政府要做的最基础的工作就是与民众建立一个全局性的财政约定，这样能强化国家与人民之间的社会契约。这个约定可以涉及教育、就业、社会保障和基础设施建设等领域，也可以根据平等、民众安全、消除贫困和饥饿等用于人们优先需求的理念来建立。与此同时，在约定建立时，确立各项公共政策并将其纳入预算方面，加强税务管理能力，扩大所得税的税基并提高公共服务质量十分关键。

长期以来，拉丁美洲相对于世界其他地区，特别是相比于非拉美成员国、中东和北非等属于 OECD 成员国来说，在个人收入分配中比最不平等的国家还要不平等。截至 2010 年，多数国家平均基尼系数仍然处于高位，为 0.40—0.60，墨西哥仍处于警戒线以上。由于拉美本地区税收在收入再分配上效果不明显，公共财政要真正地把再分配的制度实施好，必须要对拉美现有的税收结构继续加大改革力度。

第二节　墨西哥财政转移支付与收入分配相关性研究

拉美是世界上收入分配最不平等的地区之一，其收入分配改善始于2000年左右。虽然拉美国家的平均基尼系数在1990年至2007年从0.532降到0.515，然而17年仅仅降低不到3%，变化极其有限，截至2014年拉美地区贫富差距进一步扩大至约0.522，其中最富有的20%人口平均收入已达最贫穷20%人口的约20倍。拉美国家于20世纪90年代进行财政改革，从此拉美全部国家的人均社会开支均得到提高，社会性公共总支出量占GDP的比重由1990年的12%左右上升至2010年左右的18%以上，增加了53%；其中用于"补贴和转移支付"一项的支出占拉美公共支出的比例显著提高，该比值同时期由29%上升为39%，增加了10%。按照资金的用途划分，政府在一定程度上提高了在教育卫生、小型贷款及基础设施、住宅及居住环境等方面的开支，增长最快的项目是社会保障和救助，增长最慢的是公共卫生。

从公共财政支出发挥收入再分配的调节功能来看，其主要类型是三类：现金转移支付、公共产品和服务供应（通过影响机会的形成，如教育、卫生和基础设施）及专项补贴支出。一般而言，最重要的现金转移支付包括主要以缴费型养老金为代表的社保体系，然而拉美国家由于大力推进现金转移支付的模式及覆盖范围并成为该领域的先行者，因此我们将关注重点放在其中最具代表性的非缴费型养老金、有条件的现金转移支付计划、补贴项目三个方面。

表6-4　　　　　　　　拉丁美洲18国贫困人口状况①

国家	2002年前后			2006年前后			2007年		
	年份	贫困	极端贫困	年份	贫困	极端贫困	年份	贫困	极端贫困
阿根廷	2002	45.4	20.9	2006	21.0	7.2	—	—	—
玻利维亚	2002	62.4	37.1	2004	63.9	34.7	2007	54.0	31.2

---

① 吴国平：《拉美国家的财政政策与社会凝聚》，《拉丁美洲研究》2009年第1期。

续表

国家	2002 年前后			2006 年前后			2007 年		
	年份	贫困	极端贫困	年份	贫困	极端贫困	年份	贫困	极端贫困
巴西	2001	37.5	13.2	2006	33.3	9.0	2007	30.0	8.5
智利	2000	20.2	5.6	2006	13.7	3.2	—	—	—
哥伦比亚	2002	51.5	24.8	2005	46.8	20.2	—	—	—
哥斯达黎加	2002	20.3	8.2	2006	19.0	7.2	2007	18.6	5.3
多米尼加	2002	47.1	20.7	2006	44.5	22.0	2007	44.5	21.0
厄瓜多尔	2002	49.0	19.4	2006	39.9	12.8	2007	38.8	12.4
萨尔瓦多	2001	48.9	22.1	2004	47.5	19.0	—	—	—
危地马拉	2002	60.2	30.9	2006	54.8	29.1	—	—	—
洪都拉斯	2002	77.3	54.4	2006	71.5	49.3	2007	68.9	45.6
墨西哥	2002	39.4	12.6	2006	31.7	8.7	—	—	—
尼加拉瓜	2001	69.4	42.5	2005	61.9	31.9	—	—	—
巴拿马	2002	36.9	18.6	2006	29.9	14.3	2007	29.0	12.0
巴拉圭	2001	61.0	33.2	2005	60.5	32.1	2007	60.5	31.6
秘鲁	2001	54.7	24.4	2006	44.5	16.0	2007	39.3	13.7
乌拉圭	2002	15.4	2.5	2005	18.8	4.1	2007	18.1	3.1
委内瑞拉	2002	48.6	22.2	2006	30.2	9.9	2007	28.5	8.5

资料来源：CEPAL, Panorama Social de de América Latina, 2008, Santiago de Chile, Diciembre de 2008, p.11。

第一，非缴费型养老金的引进和实施始于 20 世纪 80 年代的智利，它因在弥补有限且分割性的社会保险市场，在缓解市场失灵方面能直接发挥显著效果，从而为拉美各国借鉴并进一步扩大使用。一般而言，非缴费型养老金主要为低收入人群设计，拉美各国均制定了相应的计划，其覆盖人群从秘鲁"65 养老金"所规定的 65 岁以上赤贫人口到玻利维亚"尊严收入"规定的 60 岁以上全民不等，计划收益也从墨西哥"老年人的机遇"所规定的 22.5 美元至特立尼达和多巴哥"老年公民养老金"的 189—472 美元不等。然而，如表 6 - 5 所示，如果具体考察其受益者的构成，则会发现在一些国家其项目的主要覆盖人口中非穷人的占比却十分显著。在墨西哥，其占比高达58%，这说明该计划并非按照其原本应发挥的职能进行设立，甚至存在从非穷人受益者向穷人受益者的资源再分配，从而可能进一步扩大了对贫困的影响。

表6-5　拉美部分国家非缴费型养老金受益者构成（若干年）[a]

国家	计划	受益者构成（%）		
阿根廷	非缴费型养老金计划	赤贫（按购买平价计算低于2.5美元）	贫困（按购买平价计算低于4美元）	非穷人
巴西	BPC计划	27	37	63
	特别状况养老金（INSS）	38	58	42
		18	29	71
墨西哥	老年人的机遇计划	27	42	58

注：a. 阿根廷，2009；巴西，2009；墨西哥，2008。

资料来源：CAF—拉丁美洲开发银行主编：《面向发展的公共财政》，知识产权出版社2012年版，第58页。

第二，自20世纪90年代以来，拉美国家实行了十几项有条件的现金转移方案，例如阿根廷的"户主计划"、巴西的"学校津贴"和"家庭津贴"计划、墨西哥的"进步与机遇"计划。有条件现金转移计划是指把资金有条件地按照一定方向投资与其相符的资助穷苦家庭的方案，明确要求在教育及卫生等基础服务方面有条件资金转移计划的落实，同时对应各种状况要求不同方案一定要达成的效果。一般而言，这类计划主要集中于卫生和教育领域针对儿童进行投资，但也有一些项目具有普惠性质。自1997年墨西哥塞迪略政府时期颁布实施"进步"（PROGRESA）计划，拉美即在支付制度实践上走在了世界前列，2002年福克斯政府时期进一步将其更名为"机遇计划"。据联合国拉美经委会统计显示，在这类支付项目中，巴西"家庭津贴"方案与墨西哥"机遇"方案两大计划实施范围最广，实际受益人数最多，分别占人口总数的16%、25%。如表6-6所示，"机遇"计划中赤贫、贫困和非穷人占受益者总人数比例分别为42%、66%和34%，比例设计比较合理。截至2007年，该计划总计使墨西哥500万家庭受益，约占全国总人口的 25%，2002—2006 年墨西哥成为完成联合国"千年发展目标"较突出的国家，贫困人口大幅度下降，贫困率由 39.4% 下降至 31.7%，赤贫率由 12.6% 下降至 8.7%，按照联合国新千年发展目标确定的拉美极端贫穷总人数降低至 11.3% 的第一阶段要求，墨西哥实现了千年发展目标阶段性任务。

表 6 - 6　　拉美部分国家" 有条件现金转移支付计划对赤贫和
非穷人的覆盖率

国家	计划	受益者构成（%）			支出占 CDP 的比重（%）
		赤贫（按购买力平价计算低于 2.5 美元）	贫困（按购买力平价计算低于 4 美元）	非穷人	
阿根廷	家长计划	35	54	46	0.1
	家庭计划	38	59	41	0.1
	子女普遍分配计划	32	55	45	0.4
玻利维亚	Juancito Pinto 基金计划	34	56	44	0.3
巴西	家庭米袋子计划	47	70	30	0.4
墨西哥	机遇计划	42	66	34	0.3
秘鲁	共同计划	58	84	16	0.1

注：a. 阿根廷，2009 年；玻利维亚，2007 年；巴西，2009 年；墨西哥，2008 年；秘鲁，2009 年。

资料来源：CAF—拉丁美洲开发银行主编：《面向发展的公共财政》，知识产权出版社 2012 年版，第 63 页。

　　尽管有条件现金转移计划在墨西哥以及拉美全地区均发挥了较好的减贫效果，然而从现金转移总量来看，如将拉美国家与 OECD 国家横向比较其总社会投入仍然普遍较低。例如，OECD 成员国现金转移支付的社会支出占 GDP 的比率为 12%，智利该比率为 6%，墨西哥则更低仅为 3%，因此 OECD 成员国通过这类转移支出使基尼系数大大降低，而智利和墨西哥的缩减幅度非常小；此外，尽管有条件现金转移支付项目方案具有将短期减贫措施与长期消除贫困代际转移的规划相结合的优点，但由于其"有条件"性定向投入特点，其所发挥的短期改善效应极其明显而长期效应并不十分明确。例如，其对教育的投入，由于其主要资助的学习年限增加带来的工资增减无法确保可持续性，因此总体来看大部分的公共支出仍然可以被视作中性，甚至是倒退的。所以，从实际基尼系数下降来看，2002—2006年墨西哥平均基尼系数为0.51，较项目实施前有所下降但是下降幅度并不是很大，也就是说墨西哥通过有条件现金转移支付使各社会阶层收入分配差距有所缩小，但其改善收入再分配的作用有限。结合上一节，还需要注意的是，尽管这种改善作用程度不高，但和税收制度比较，墨西哥政府解决收入分配失衡、反贫困所采取的更具有针对性的计划仍然是通过财政转移支付来实现的。

　　第三，在补贴政策方面，即对家庭和企业消费、生产特定产品和服务进行补贴方面，通常采取食品、能源、燃料和交通补贴等常规形式。一般来说，食品类补贴是最有益于穷人的补贴形式，而在能源、燃料和交通补贴方面，通过补贴实现包括电力、饮用水等公共服务的普遍可获性是减轻低收入家庭资金负担的先决条件。2011年，世界银行统计显示，拉美国家以改善分配为理由普遍采取了专项补贴政策，其中约一半拉美国家实行了食品消费补贴，2/3以上的国家对能源、燃料和交通运输进行补贴，仅有1/3的国家对饮用水和相关卫生服务消费进行了补贴。从这些补贴类型、收益集中度指数和规模来看，如表6-7所示，食品类计划的集中度指数均为负值，其中墨西哥为-0.41，而在等同于"负税收"的汽油补贴方面，墨西哥该项补贴集中度指数为0.46，其成本约占GDP的比率为1.6%，几乎相当于"机遇"计划（占GDP的0.34%）的近5倍，主要有利于相对较富裕的群体。由此可见，拉美各国采取的补贴政策事实上对其实际受益人存在一定的排斥性。也就是说，一些项目上确实使最低收入群体一定程度上获益，但并不一定所有政策都符合穷人的需求，例如忽视穷人因无法获得补贴所需的配套产品（如汽车）从而导致补贴的再分配功能无法有效实现，甚至补贴带来的收入再分配效应最终却为中高收入人群所享受。此外，由于补贴对象难以确定，多数专项补贴措施往往采用普惠方式推行，这也意味着高昂的财政支出，其中不可避免存在对资源配置的扭曲、干扰。

表 6 – 7　　　　**拉美部分国家ᵃ 补贴收益集中度指数及规模**

（占 GDP 比重）

国家	食品			燃料/能源			交通		
	计划	集中度指数	补贴规模（占GDP比重）	计划	集中度指数	补贴规模（占GDP比重）	计划	集中度指数	补贴规模（占GDP比重）
阿根廷	粮食安全	- 0.47	0.11	能源补贴	0.22	1.70	交通和航空补贴	0.16(非航空)；0.80（航空活动）	非航空：2.20；航空：0.20
玻利维亚	校园早餐	- 0.12	0.01	液化天然气、柴油和汽油补贴	0.33	0.48	—	—	—
巴西	未实施	未实施	未实施	天然气补贴计划ᵇ	- 0.20	0.001	未实施	未实施	未实施
墨西哥	食品计划（DIF）	- 0.41	0.03	用电和燃料(液化天然气和汽油)补贴	0.14（电力）、0.28（液化天然气）、0.46（汽油）	电力：0.01；燃料：0.20；液化天然气、汽油：1.6	未实施	未实施	未实施
秘鲁	全面营养计划（PIN）、牛奶计划、食品补充计划（PCA）	- 0.38	0.24	—	—	—	未实施	未实施	未实施

注：a. 阿根廷，2009 年；玻利维亚，2007 年；巴西，2009 年；墨西哥，2008 年；秘鲁，2009 年。

b. 天然气补贴计划是巴西家庭米袋子计划的一部分，但对一部分家庭而言独立运行。

资料来源：CAF：《面向发展的公共财政》，知识产权出版社 2012 年版，第 77 页。

另外有三点要引起我们的注意：

其一，如前所说，墨西哥各个州、省、地区和市对于中央政府进行的转移支付极为依赖，地区与地区之间的收入差距也较大；墨西哥中央政府在金融补偿机制方面采取的措施效果并不显著，不能对各地区差距进行有效缩小，因此不可避免各地方政府的支出也呈现出不平衡。从支出量上来看，有研究显示 OECD 成员国地方支出占到 GDP 比率为18.6%，而拉美地区该比率为 9.5%，仅仅约为前者的 1/2，地方自主性收入同样十分有限，可以说中央对地方的转移支付的再分配的作用得不到凸显。

其二，拉美地区广泛存在非正规就业，众多国家的社会保险收入十分有限，随着老龄化的发展各国普遍推行私人养老金体系，即引入私人部门经营的强制缴费将个人账户资本化，同时推行对现有现收现付养老体系的内容改革。例如秘鲁和哥伦比亚推行互相平行的体系，即劳动者可以在任何一种体系中自由选择投保；乌拉圭和哥斯达黎加采用两种体系混合的方式；智利、玻利维亚、墨西哥则逐步采取替代体系，也就是不再加入新的投保者进入原有的公共体系。在新体系下，投保人的缴纳款项纳入养老金基金，从而突破了传统对公共部门的转移。然而实际执行过程中受到较大影响的中低收入阶层，尤其是非正规就业和事业方面的人员并没有大量地参与进来，所以预先想要发挥的改善不平等作用没有全面发挥出来。

通过上文的分析不难发现，墨西哥在影响收入分配的两个主要分配途径上均未能发挥应有的作用。一方面税收收入和支出的质量均欠佳，在直接调节收入再分配及降低社会不公正上总体而言有一定的限度；另一方面总收入规模小使得国家实施社会支出对收入再分配的控制力受到约束，具体实施中政策设计缺陷也削弱了其效果。

其三，当代财政理论和政治分析认为，财政不只是技术性的问题，更是政治性的问题，在中低收入国家中，甚至是在极为不平等的背景下，民主制度可能只是拥有更大的公共部门和更强调再分配的政策的必要条件，而不是充分条件。此外总体而言，经济自身的增长和相应质、量的公共产品供应并不自动导致国家规模的扩大，除受经济发展影响外，良好的财政支出效果孕育财政合法性，进而推动扩大财政收入。因此，对任何国家来说，争取一项更好的财政约定，是对一国公共政策、公共治理的更为深层次、更宏观的设计，对于从根本上、长期来看解决财政稳定、财政效率和财政平等具有深刻的意义。拉美国家长期面临财政合法性低的难题①，例如墨西哥民众长期因为对腐败、机会均等和阶层流动的悲观而表现出较低的财政热情，且政府难以改变和引导这一民众意愿，从而在政府和民众之间难以达成关于财政问题的某种社会契约；拉美全区民众仅 34% 左右认为偷税是有害，其为偷税行为开脱的比率高出 OECD 国家三倍左右，同时几乎不相信其政府使用税收的方式。考虑加强税收与支出之间的联系，便找到了拉美地区，包括墨西哥在内一直以来税制改革和财政改革的症结，此外，多年以来墨西哥的数次财政改革均有政治因素卷入其中，使得政府的财政管理能力构成另一个限制性因素。执政党应该摒弃内部矛盾，从一个中长期的战略视角看待一国财政问题，致力于建立社会利益相关者同盟，在国家、市场和公民社会之间建立新型的平衡关系，并设计相应的财政约定。

---

① OECD：《2008 年拉丁美洲经济展望》，世界知识出版社 2009 年版，第 29 页。

第七章　结论与启示

第一节　结论

本书从 2008—2009 年国际金融危机以及 2012 年世界经济的"二次探底"以来，发达国家深陷财政赤字泥潭，新兴经济国家也在退出财政刺激后赤字率与负债率显著上升，财政脆弱性明显加大的总体背景出发，关注拉美地区第二大经济体墨西哥 2008 年以来逐渐显现的"财政困境"问题。墨西哥在危机爆发当年 GDP 增长率大幅度下跌 0.6%、创拉美地区经济恶化程度之最，2010 年又率先因巨大的财政缺口被迫退出逆周期的财政刺激计划之后，近年受内外因素冲击，宏观经济步步走低、财政可持续性风险问题加重，且多年悬置未决的石油投资不足与之一道，成为推动墨西哥加快结构改革步伐的重要原因。2014 年涅托政府推出争议已久的财政改革及能源改革计划明确提出以财政改革先行引导国内的结构调整以应对内外不利因素，试图破解"不充分的增长"难题，然而实际政策措施效果不佳。本书即以此为出发点，试图寻找墨西哥财政问题的来由，深入了解 1994 年至涅托政府财政改革的二十余年中，墨西哥财政改革的模式、历届政府的改革措施、实际效果，从而形成一种关于墨西哥财政政策的全面性理解。

需要指出的是，为了达成这一目标，我们有必要先明确财政政策的定义与基本内涵，并建立相应的分析框架。财政政策概念起源于 1929—1933 年资本主义经济大危机，凯恩斯革命改变古典经济学家的国家不干预经济理论，主张政府实施宏观经济调控，以政府赤字财政拉动需求、促进增长从而走出危机。自此以后 20 世纪西方财政政策理论的发展和演进便与西方经济学理论发展同步，在不同的历史时期和实际政策实践中发展、总结和完善了一整套关于财政政策旗帜鲜明的理论观点和政策主张。本书通过对西方财政理论发展的综述和分析，从中提取了财政政策演进中不同政策模式在历史纵向上的理论逻辑演进，从而从总体上把握一国财政发展的宏观经济背景、趋势；另一方面，吸收当代财政理论中将财政政策视作宏观经济调节最重要的手段之一对其主要政策工具分析的主流方法，从而试图对阶段性和局部性的财政问题展开分析；此外，财政政策作为一个目标、工具与效果三位一体的有机体系，财政改革的目标和工具由于受到多重因素的制约，且并不一定具有连贯性，因此在一定时期内对于财政政策实际效果的观察和分析就具有十分重要的意义，也是理解未来一国财政改革实际潜力、难点的重要参考。我们选取了经济增长、经济稳定与收入分配三方面的效应作为评估墨西哥财政政策横向效应的观察点。

通过研究我们发现以下结论：

（1）任何经济政策的选择都离不开经济理论的发展和演进，而后者的创立无一不依赖于在具体的财政实践，或者说是在其经济发展现实与特点的基础上所进行的探索与思考。与西方财政发展相平行，从历史演进的角度来看，墨西哥 20 世纪的财政发展也与拉美整体发展进程同步，经历了早期简单财政阶段，50—70 年代与进口替代工业化发展时期相适应的"国家计划式平衡预算财政"（增长与不公并行），经由 1970—1982 年探索转型期的公共财政动荡（负债发展与 1982 年公共财政破产），再到 1994 年新自由改革后完成"财政重建"，为实现经济稳定付出了高昂的财政及社会成本，总体走过了一条独有的财政之路。可以说 20 世纪墨西哥财政政策的显著特点是服务于自身经济发展模式的探索、转型，总体财政规模有限，财政政策的宏观经济调控职能并不充分。

（2）1994 年以后，墨西哥完成新自由主义改革、加入北美自由贸易区彻底转变了经济发展模式、走上了开放发展的道路。这一时期墨西哥财政状况与宏观经济一同跌宕起伏，经历了财政改革与稳定、财政波动、财政改善，金融危机时期的反周期调整，和后危机时代的财政形势下滑。特别是 2009 年 GDP 增长率大幅衰退跌至 -6.0%，并出现巨大的财政缺口与增长乏力相并行，财政可持续性下降，墨西哥的财政政策职能缺失的问题才日益凸显。对 2014 年涅托政府实施全面财政改革以应对增长困境、财政困境的讨论，必须放在更大的时间范围内即近 20 年中去思考由财政稳定而至经济增长的财政之路有怎样的演进，特点、效果和困难。在兼顾宏观经济背景的基础上，1994 年至今，墨西哥财政已经走到了从"财政稳定"到"经济增长"的关口，建立一个强有力的系统性财政框架已经成为墨西哥当前经济发展的重要讨论议题。尽管从客观上来看，墨西哥财政政策选择的理论逻辑总体仍未摆脱对于宏观经济发展模式探索，但是财政政策的运用开始发挥更大的调控作用，财政政策职能的重要性极大地提升。

总体来说，20 世纪 80 年代中期开始到 90 年代，拉美没有出现再一次从"一种主义"到"另一种主义"的转换，在新自由主义和新结构主义并行的转型时代，拉美不同国家开始出现发展模式的分化。90 年代中期，墨西哥即便爆发了 1994 年金融风暴也没有放弃推进新自由主义深化改革的国家，与此同时，从塞蒂略政府直至涅托政府均不同程度强调和推动结构改革，尝试对新型道路的探索。在具体的财政状况上，墨西哥与拉美地区总体基本保持一致，90 年代中期以后至今分为三个时间段：第一，90 年代中期至 2002 年为从赤字财政到平衡财政阶段；第二，2003—2009 年为危机前后的宏观审慎与逆周期阶段；第三，2009—2014 年为"后危机时期"的财政空间收窄阶段。

（3）通过对财政政策工具四大指标（财政收入、支出、财政平衡与公共债务）的量化分析，结合历史纵向逻辑来看，1994—2014 年，墨西哥实际财政政策选择体现出鲜明的新古典主义财政框架特点，但"二代改革"推动结构主义财政观复苏发展，墨西哥政府开始着眼于加强国家干预的长期财政调整，但受"石油依赖"、加入 NAFTA 后经济外部性上升以及国内政治双重因素影响，财政改革推进一再延误。

（4）通过对财政政策工具四大指标的横向分析，墨西哥实际财政状况特点表现为：税收收入与财政支出表现出长期稳定的"低水平"，总体财政基本保持平衡、债务风险稳定。

（5）通过对财政政策工具（税收与支出总量和结构、税率）在维护经济稳定、促进增长（短期与长期）与改善收入分配方面效应的分析，发现 1994 年以后墨西哥财政政策与货币政策协同的调控得以提升，这在 2008—2009 年金融危机中墨西哥反危机的调控措施中有所体现；但是与此同时墨西哥财政政策本身没有明显改变，是财政盈余而非财政政策运用发挥了较好应对危机的能力。其在促进经济增长、改善收入分配这两个效应方面，总体表现不佳。

（6）当前，随着世界经济不确定性上升，后危机时代各国都强调以结构改革来应对内外部危机，从而使财政政策的调控职能进一步提升。墨西哥也不例外，且迫切需要推进更有效率的财政改革，推动经济结构变革，促进生产效率提升，加强财政治理以应对中长期世界经济不确定性上升的挑战。

第二节　对中国的启示

中国和墨西哥同为新兴经济国家，中国始于 1978 年的社会主义市场经济改革与墨西哥的新自由主义改革同步进行，三十年来所走过的改革之路不尽相同。其中中国财政改革是中国经济体制改革的重要组成部分，自 1978 年开始通过稳步推进政府与市场之间"让利—放权—分权—非对称性分权"的渐进性改革逻辑，历经 1994 年分税制改革到 1999 年公共财政建构基本建成了与市场经济相适应的财政政策体系。其间，1998 年和 2008 年我国遭遇亚洲金融危机和国际金融危机重大冲击，并先后采取了两次积极财政政策的行动：第一次积极财政政策于 1998 年开始实施，不久之后便逐渐淡出并进行转变，财政改革因稳健财政政策的采用而成功开展；第二次的积极财政政策于 2008 年实施，此次实施让中国在金融危机背景下保持了较高的经济增长速度，但 2009 年以后我国因为"双松"政策导向，面临了通货膨胀和经济增速放缓的双重困境。当前中国财政迈入了"稳增长，调结构"进一步深化市场改革期，从市场化程度与经济开放程度来看，墨西哥要高于中国，因此，对其财政选择与效应进行梳理和分析必然会对中国未来迈向进一步开放深化市场改革的财政选择提供经验借鉴和启示。

一　厘清财政政策发展的现状：国家治理与中长期财政改革挑战

党的十八届三中全会对于"财政是国家治理的基础和重要支柱"的新论断，使中国财政改革发展步入了一个新的历史阶段：突破作为经济范畴、经济领域要素之一的财政，而将财政职能的视角延伸到经济、政治、文化、社会、生态文明和党的建设各个领域，并进而上升至国家治理层面，在国家治理的大战略中进行再认识，这揭示并带来了财政概念内涵的深刻变化，财政政策的综合性得以凸显，财政治理理念正在快速上升。具体到中国的财政实践来看，后危机时期中国财政运行的总体特点有：

（1）随着中国经济进入"新常态"和世界经济进入中长期低增长通道，经济减速、PPI持续下降甚至负增长，财政收入增速以高于GDP减速的幅度急速下滑。

（2）基于稳增长、推进供给侧结构性改革的客观要求，减税取代增收扮演我国积极财政政策最主要的工具。全面实施的以营业税改增值税实质上就是较大规模减税，随着改革的推开和深化，我国财政收入增速幅度有可能进一步加大。

（3）财政赤字不断加大，占GDP的比重逐年上升。2016年中国预算赤字率设定为安全上限3%。随着社会保障性支出的不断扩大，我国面临长期财政支出压力加大的风险。

由此可见，在中长期内，随着财政收入增速急剧下滑、财政支出逆势增长、财政赤字和政府债务规模加大等指标均呈现出一定的困难境况，我国与墨西哥一样正面临财政改革的压力。从外部条件看，自2008年国际金融危机以来，各国普遍运用货币政策促进金融稳定，刺激增长。然而近年来世界发达经济体复苏乏力，新兴经济体增长趋缓，国际社会一致认可长期结构性的问题才是阻碍世界经济增长的根本原因，各国纷纷推出不同版本的结构改革计划以应对世界经济不确定性上升的外部挑战和内部经济失衡。在这样的背景下，结构主义经济学复兴发展，各国都认同要推动结构改革，必须通过加强财政政策、货币政策和结构改革政策三位一体的政策组合，以扩大市场需求，巩固经济增长。2016 年 G20 杭州峰会进一步指出，当前世界经济的"低水平"很难单单依靠短期的刺激性政策解决，仅靠货币政策并不能实现平衡增长，财政政策同等重要。

当前我国有关财税改革的共识正在达成，其总体改革目标是调整财政政策以适应当前宏观经济结构的未来发展趋势。其中拟订中长期的财政方案及预算规划，同时面对未来一段时间的资产制定出合理的规划及中长期的计划，是重中之重。

二　调整税制结构，应对国际税收竞争

从具体政策运用来看，国际社会普遍赞同各国财政政策应依据本国自身特点，选择改革的路径、政策发挥的方向和力度，其各自所处的经济周期以及已有的财政政策框架都需要纳入衡量范围。例如，若某国的负债率及赤字率数额较小，那么通过提高财政投资带动花费及需求；反之若负债率数额较大，且经济正处于结构整改过程中，需要把注意力的重心转移到财政支出结构的调整上，同时一定要明确目前支出能够取得相应的成效，且应避免出现增长财政赤字的现象。

当前，我国人均 GDP 已超过 8000 美元，处于结构调整和增长方式转型的关键时期。仅从国内因素来看，截至 2017 年除营改增以外并未涉及税制的实质性改革，但是考虑未来一段时期国际范围内我国的税制结构应相应改革，以适应新的经济结构和增长。从国际来看，自 2016 年起，美国特朗普政府推出的历史最大规模减税计划，重点放在减轻个人税收压力，降低企业税率，并提高海关税收三个方面。其中，企业税收方面，特别是公司税税率从 35% 大幅削减至 15%，对国际资本构成巨大的吸引力，将吸引大量企业留美，显著提升美国竞争优势；个人所得税方面，减少个人所得税级次和税率，最高税率从 39.6% 降至 35%，从七级税率减少到三级，分别为 10%、25% 和 35%，并将个人所得税免税额度翻倍，撤销遗产税，还建议对有孩子家庭减税，大力度的个税改革规划一方面减少了中产阶级承担的税收压力；另一方面化解了公司负责人及农场主的压力，可推动消费快速提升，同时个人部门投资需求增多，激发国内经济增长活力。继美国之后，英国、法国、印度也都在

积极酝酿实施大规模减税。可以预见新一轮的国际税收竞争即将展开，正在积极推进结构改革的新兴经济体国家也应当根据自身情况，从税收体系着手进行必要的财政调整，应对内外挑战。

从墨西哥和中国的情况来看，前者税收与支出水平均处于较低水平，税收负担主要落在中等收入人群，且累进度不高，从而使所得税税率不论对于增加财政收入，抑或调节社会平等均未发挥应有的作用，亟待加以改善。我国税制结构中同样存在相似的问题，因此未来税收调节应当朝向"提低、稳重、限高"的趋势调整；从企业方面来看，我国企业增值税税负相对较重，企业经营活力没有得到完全释放，而墨西哥则因资本积累不足存在企业投资不足的情况。可见，墨中两国在各自结构调整的过程中，既有共同面临的财政政策挑战，又有不同的财政政策难题需要克服，而这是由两国不同的经济发展阶段、模式和结构所决定的。

三　墨西哥对中国的参考意义

从一国经济发展模式的角度来看，墨西哥经济的外向性、市场化程度高于我国，它所走过的自由化改革之路仍然对我国充满启示意义，近二十年墨西哥经济与财政发展的总体趋势、有益的经验或存在的问题都可为我国未来的发展提供参考。从财政的视角来看，我们可以得到以下经验：

（1）即在当代开放经济中，一国公共财政治理能力事关经济与社会发展的全局，不可完全让位于市场，应当始终注意积极发挥政府在财政政策改革、运用中的主体作用。

（2）保持宏观经济稳定是建立良好公共财政能力的基础。

（3）发挥积极的财政政策调控，而非保持消极的财政平衡对于一国宏观经济的调控意义重大。

（4）政府、市场与社会应当就公共财政达成"契约"，加大公共财政作为公共产品供给的力度和质量。

（5）财政政策改革与政策制定中，应当注意不同财政目标的协同发展，而非顾此失彼。

（6）科学的财政工具运用是提升财政微观政治理能力的重要途径。

（7）财政政策运用应当注意与货币政策、产业政策、社会政策相协同，优化财政支出结构，提高支出效率。

（8）财政政策运用应当着力于国内国外双重挑战，当前和中长期不同的风险，优化设计，注重实施的稳定性和连贯性。

参考文献

中文参考文献

[西] CAF 主编：《拉丁美洲的创业：从基本生存型到生产力变革型》，知识产权出版社 2014 年版。

[西] CAF 主编：《面向发展的公共财政——加强收入与支出之间的联系》，知识产权出版社 2012 年版。

财政部预算司财政课题组：《约束地方的财政责任法》，《经济研究参考》2009 年第 4 期。

陈共编：《财政学》，中国人民大学出版社 2012 年版。

杜美妮、刘怡：《美国逆周期财政工具研究及对我国的借鉴意义》，《经济学家》2011 年第 7 期。

樊纲、张晓晶：《"福利赶超"与"增长陷阱"：拉美的教训》，《管理世界》2008 年第 9 期。

封北麟：《结构性货币政策的国际实践与启示》，《环球财经》2016 年总第 709 期。

郭庆旺、赵志耕、吕冰洋著：《积极财政政策效果及淡出策略研究》，中国人民大学出版社 2007 年版。

哈瑞尔达等著：《2040 年的拉丁美洲》，中国大百科全书出版社 2014 年版。

豪尔赫·卡斯塔涅达：《墨西哥的二次革命》，《中国经济报告》2014 年第 2 期。

黄志龙：《资本项目开放与金融稳定——拉美国家的经验与启示》，中国社会科学出版社 2012 年版。

江时学：《拉美发展模式研究》，经济管理出版社 1996 年版。

江时学：《墨西哥的经济改革及其启示》，《太平洋学报》1985 年第 3 期。

李裕：《我国改革开放以来财政政策和货币政策的配合研究》，上海财经大学出版社 2008 年版。

林致、张馨：《财政政策与经济稳定》，厦门大学出版社 2011 年版。

刘爱东、刘蕙：《财政在金融监管中的作用不容忽视》，《中国财政》1998 年第 4 期。

刘畅：《美国财政史》，社会科学文献出版社 2013 年版。

刘晓凤：《美国财政支出与社会公平的实证分析》，《当代财经》2009 年第 5 期。

刘晓路、郭庆旺：《全球经济调整中的中国经济增长与财政政策定位》，中国人民大学出版社 2007 年版。

卢现祥、朱巧玲：《新制度经济学》，北京大学出版社 2007 年版。

［英］罗伯特·鲁宾：《在不确定的世界》，李晓岗等译，中国社会科学文献出版社 2004 年版。

马骏：《从财政危机走向财政可持续：智利是如何做到的?》，《公共行政评论》2014 年第 1 期。

CAF：《面向发展：推动拉丁美洲金融服务的可获性》，当代世界出版社 2012 年版。

牟发兵：《发展中国家财政政策研究》，湖北出版社 2006 年版。

［西］经济合作与发展组织发展中心主编：《2008 年拉丁美洲经济展望》，世界知识出版社 2008 年版。

［西］经济合作与发展组织发展中心主编：《2009 年拉丁美洲经济展望》，世界知识出版社 2009 年版。

［西］经济合作与发展组织发展中心主编：《2012 年拉丁美洲经济展望——面向发展的国家转型》，当代世界出版社 2012 年版。

OECD：《2013 年拉丁美洲经济发展展望》，知识产权出版社 2013 年版。

［西］若迪·加利：《货币政策、通货膨胀与经济周期：新凯恩斯主义分析框架引论》，杨斌、于泽译，中国人民大学出版社 2013 年版。

彭漫、倪平松：《外国财政》，东北财经大学出版社 1990 年版。

秦凤鸣：《转变中的美国财政政策》，《当代亚太》2001 年第 7 期。

沈君克、李全海、张新东：《欧洲主权债务危机研究》，山东人民出版社 2013 年版。

［日］石弘光著：《日本财政政策的制定》，中国财政经济出版社 2005 年版。

石建华、孙洪波：《拉美国家金融动荡的财政因素分析》，《拉丁美洲研究》2006 年第 4 期。

苏振兴：《拉丁美洲经济：从衰退到繁荣》，《拉丁美洲研究》2013 年第 6 期。

苏振兴主编：《拉丁美洲的经济发展》，经济管理出版社 2000 年版。

孙洪波、吕薇薇：《20 世纪 90 年代拉美国家的财政管理改革》，《拉丁美洲研究》2006 年第 6 期。

孙洪波：《墨西哥能源改革：动因、前景及挑战》，《国际石油经济》2014 年第 3 期。

孙雪峰、阎学通主编：《国际关系研究使用方法案例选编》，人民出版社 2010 年版。

孙静：《拉丁美洲税制改革对收入分配的影响》，《拉丁美洲研究》2009 年第 9 期。

王蕾、徐凡、周尧：《应对欧债危机的措施及前景——基于布雷迪计划和拉美经验的视角》，《国际经济合作》2012 年第 2 期。

王莉：《20 世纪 80 年代以来拉美债务问题分析》，《经济管理者》2012 年第 9 期。

王胜：《新开放宏观经济学理论研究》，武汉大学出版社 2006 年版。

韦恩·奥尔森：《墨西哥政治经济的危机和社会变革》，《拉丁美洲展望》1985 年第 3 期。

吴白乙主编：《拉丁美洲和加勒比发展报告（2011—2012）》，社会科学文献出版社 2012 年版。

吴白乙主编：《拉丁美洲和加勒比发展报告（2013—2014）》，社会科学文献出版社 2013 年版。

吴国平：《拉丁美洲与加勒比国家反危机政策的调整及其成效》，《经济学动态》2010 年第 3 期。

吴国平主编:《全球金融危机:挑战与选择》,当代世界出版社 2010
　　年版。

巫建国主编:《公共财政学》,经济科学出版社 2013 年版。

肖捷:《智利、墨西哥的税制和税收分配制度》,《财贸经济》1995 年
　　第 3 期。

徐世澄:《改革绝不会是一帆风顺的:对"墨西哥协定"中重大改革措
　　施的分析》,《中国战略》2017 年 9 月。

杨万明、孙洪波:《拉美国家财政改革述评》,《经济与管理研究》2006
　　年 8 月。

张连城:《中国经济增长路径与经济周期研究》,中国经济出版社 2012
　　年版。

张岽、王青、乔东艳:《财政政策对经济增长和收入分配的长期影响效
　　应分析》,《经济与管理》2010 年第 2 期。

张芯瑜:《政治转型后政党演变路径研究——以墨西哥政党为例》,《当
　　代世界与社会主义》2016 年第 5 期。

郑秉文主编:《社会凝聚:拉丁美洲的启示》,当代世界出版社 2010
　　年版。

周建元:《论调控型公共财政——财政政策对扩大内需的效应分析》,
　　《经济学动态》2009 年第 8 期。

曾康华:《财政支出学》,对外经济贸易大学出版社 2011 年版。

外文参考文献

Burnside, C., *Fiscal Sustainability in Theory and Practice: A Handbook*,
　　Washington, D. C., Banco Mundial, 2005.

Chenery, H., M. Ahluwalia, C. Bell, J. Duloy and R. Jolly, "Redistribu-
　　tion with Growth", Oxford University Press, 1974.

Comision Europea, "Public Finance in EMU", European Economy, Re-
　　ports, 2006.

Easterly, W. and S. Rebelo, "Fiscal Policy and Growth: An Empirical In-
　　vestigation", *Journal of Monetary Economics*, 1993, 32.

Focanti, D. , M. Hallerberg y C. Scartascini, "Tax Reforms in Latin America in an Era of Democracy", *IDB Working Paper Series*, No. IDP – WP – 457, Washington, D. C. , Banco Interamericano de Desarrollo (BID), 2013.

Gavin, Michael y Roberto Perotti, "Fiscal Policy in Latin America", NBER Macroeconomic Annual, No. 12. 1997.

Gillis, M. (ed.), *Tax Reform in Developing Countries*, Londres, Duke University Press, 1989.

Jaimovich, Dany y Ugo Panizza, "Procyclicality or Reverse Causality?", Washington, D. C. , Banco Interamericano de Desarrollo (BID), 2006.

Kuznets, S. , "Economic Growth and Income Inequality", *American Economic Review*, 1955 (45).

Lledo, Victor, Aaron Schneider y Mick Moore, "Latin America, the Case of Brazil, Colombia, Costa Rica and Mexico", NBEC Working Paper 10637, http: //www. nber. org/papers/w10637, 2004. 7.

Lopez – Monti, Rafael, "Real Volatility and Cyclical Fiscal Policy in Latin America and Developed Countries", CEPAL, Santiago de Chile, 2009.

Matthews, Brys. B. and J. Owens, "Tax Reform Trends in OECD Countries", OECD Taxation Working Papers, No. 1, OECD Publishing, 2011.

Monetary Policy, "The International Experience", Bank of Mexico, Mexico City, 2000.

Ocampo Jose Antonio, "Developing Countries' s Anticyclical Polices in a Globalized World", Development Economies and Structuralist Macroeconomics, Northampton, MA: Edward Elgar, 2003.

OCDE (Organización para la Cooperación y Desarrollo Económicos), "Challenges to Fiscal Adjustment in Latin America, the Cases of Argentina, Brazil, Chile and Mexico", París, 2006.

OECD, "Monetary Policies and Inflation Targeting in Emerging Economies",

OECD, Paris, 2008.

Perotti, R. , "Income Distribution, Democracy and Growth", *Journal of Economic Growth*, 1996, 1 (2).

"Public Investment and Fiscal Policy", Washington, D. C. Fondo Monetario Internacional (FMI), 2004.

Spilimbergo, Antonio y otros, "Fiscal Policy for the Crisis", IMF Staff Position Notes, 2008.

Talvi, Ernesto y Carlos Végh, "Tax Base Variability and Procyclical Fiscal Policy", *Journal of Development Economics*, Vol. 78, 2005.

Urzúa, Carlos M. , "Welfare Consequences of a Recent Tax Reform in Mexico", *Estudios Económicos*, Vol. 16, No. enero – junio, 2001.

Alicia Girón, Eugenia Correa, Patricia Rodríguea, "Debate Fiscal y Financiero, Agenda del Cambio Estructural", *Serie Conocer para Decidir*, México, La H. Cámara de Diputados y Miguiel Ángel de Porrúa, 2010.

Barreix, A. y F. Velayos, "Aprovechando al Máximo la Administración Tributaria", *Recaudar no basta*, A. Corbacho, V. Fretes y E. Lora (eds.), Washington, D. C. , Banco Interamericano de Desarrollo (BID), 2012.

Barreix, A. y J. Roca, "Reforzando un Pilar Fiscal: El Impuesto a la Renta", *Revista de la CEPAL*, No. 92 (LC/G. 2339 – P), Santiago, Comisión Económica para América Latina y el Caribe (CEPAL), Agosto, 2007.

Campos Vázquez, Raymundo, M. , "Impacto de una Reforma Fiscal en México. Una Estimación con Base en Sistemas de Demanda (Tesis de Maestría)", El Colegio de México, México, 2002.

Carlos Tello Macías, "Sobre la Baja y Estable Carga Fiscal en México", CEPAL, Abril de 2015.

Carlos Tello, "Estado y Desarrollo Económico: México 1920 – 2006", México, UNAM, 2014. 6.

Casar, María Amparo, "Los Mexicanos Contra los Impuestos", Revista Nexos, No. 431, México, Noviembre, 2013.

CEFP（Centro de Estudios de las Finanzas Públicas），"Diagnóstico del Sistema Fiscal Mexicano"，Sección Ⅱ，Política de Ingresos，México，2010.

CEPAL，"El Pacto Fiscal. Fortalezas，Debilidades，Desafíos"，Santiago de Chile，1998.

CEPAL，"Estudio Económico de América Latina y el Caribe"，Santiago de Chile，2013.

CEPAL，"La Política Fiscal en Tiempos de Crisis – una Reflexión Preliminar Desde América Latina y el Caribe"，Santiago de Chile，2009. 1.

CEPAL，"La Reacción de los Gobiernos de las Américas Frente a la Crisis Internacional：Seguimiento de las Medidas de Política"，Actualización al 31 de Diciembre de 2011，2012. 4.

CEPAL，"La Transformación Productiva 20 Años Después. Viejos Problemas，Nuevas Oportunidades"，Santiago de Chile，2008.

CEPAL，"Panorama Fiscal de América Latina y el Caribe 2014：Hacia una Mayor Calidadde las Finanzas Públicas"，Santiago de Chile，2014.

CEPAL，"Panorama Fiscal de América Latina y el Caribe 2013：Reformas Tributarias y Renovación del Pacto Fiscal"，Santiago de Chile，2013.

CEPAL，"Panorama Fiscal de América Latina y el Caribe 2016. Las Finanzas Públicas Ante el Desafío de Conciliar Austeridad con Crecimiento e Igualdad"，Santiago，2016.

CEPAL，"Panorama Social de América Latina 2000 – 2013"，Santiago de Chile，2000 – 2013.

CEPAL，"Productividad y Brechas Estructurales en México"，Mayo de 2016.

CEPAL，"Reforma Fiscal en Ammérica Latina：Ċ? Qué Fiscalidad para Qué Desarrollo?" Santiago de Chile，2012.

CEPAL：SEGIB y AECI，"Innovar para Crecer：Desafíos y Oportunidades para el Desarrollo Sostenible e Inclusivo en Iberoamérica"，Santiago de Chile，2010.

Cimoli，Mario，Annalisa Primi y Maurizio Pugno，"Un Modelo de Bajo Crecimiento: La Informalidad Como Restricción Estructural", Revista de la CEPAL 88, abr. de 2006.

David Ibarra, "La Erosión del Orden Neoliberal del Mundo", LC/L. 3674, LC/MEX/L. 1104, julio de 2013.

Emilio Caballero Urdiales, "Política Fiscal e Inversión Privada en México", México, UNAM, 2012. 12.

Ernesto May Kanosky, "Diseño de Una Reforma Fiscal óptima, el Caso de México", México, El Colegio de México, 1985.

Ferraro, Carlo y Giovanni Stumpo, "Políticas de Apoyo a las Pymes en América Latina: Entre Avances Innovadores y Desafíos Institucionales", CEPAL, Santiago de Chile, 2010.

Filgueira, Fernando, "Cohesión, Riesgo y Arquitectura de Protección Social en América Latina", CEPAL, Serie Políticas Sociales, Santiago de Chile, 2007.

Fuentes, J. A. (ed.), *Inestabilidad y desigualdad. La vulnerabilidad del crecimiento en América Latina y el Caribe* (LC/G. 2618 – P), Santiago, Comisión Económica para América Latina y el Caribe (CEPAL), 2014.

Gabriel Cuadra, Horacio Sapriza, "Política Fiscal y Riesgo de Default en Mercados Emergentes", Working Papaers, Banco de México, 2007. 3.

García, G., "Reglas Fiscales para la estabilidad y sostenibilidad", *Instituciones Fiscales del Mañana*, Washington, D. C., Banco Interamericano de Desarrollo (BID), 2012.

García, R. y M. García, *La Gestión para Resultados en el Desarrollo. Avances y Desafíos en América Latina y el Caribe*, Washington, D. C., Banco Interamericano de Desarrollo (BID), 2010.

Garcia – Solanes, J., and Fernando Torrejon – Flores, "La Fijacion de Metas de Inflacion da Buenos Resultados en America Latin", Revista CEPAL, No. 106, 2012.

Genaro Aguilar Gutiérrez, "Nueva Reforma Fisacal en México", México, Miguiel Ángel de Porrúa, 2003.

Gómez Sabaini, Juan Carlos, "Evolución y Situación Tributaria Actual en

América Latina: Una Serie de Temas para la Discusión, Tributación en América Latina. En Busca de Una Nueva Agenda de Reformas", CE-PAL, Santiago de Chile, 2006.

Gómez – Sabaíni, J. C. y D. Morán, "Evasión Tributaria en América Latina. Nuevos Desafíos en la Cuantificación del Fenómeno en los Países de la Región", *Serie Macroeconomía del Desarrollo*, No. 172 (LC/L. 4155), Santiago, Comisión Económica para América Latina y el Caribe (CEPAL), Febrero, 2016.

Gómez – Sabaíni, J. C. y J. O' Farrell, "La Economía Política de la Política Tributaria en América Latina", Documento Presentado en el XXI Seminario Regional de Política Fiscal Santiago, Comisión Económica Para América Latina y el Caribe (CEPAL), 2009.

Gómez – Sabaíni, J. C. y R. Martner, "América Latina: Panorama Global de su Sistema Tributario y Principales Temas de Política", *Gobernanza democrática y Fiscalidad: Una Reflexión Sobre las Instituciones*, J. Ruiz – Huerta Carbonell (coord.), Madrid, Tecnos, 2010.

Gómez – Sabaíni, J. C. , J. P. Jiménez y D. Morán, "El Impacto Fiscal de la Explotación de los Recursos Naturales no Renovables en los Países de América Latina y el Caribe", *Documentos de Proyecto* (LC/W. 658), Santiago, Comisión Económica para América Latina y el Caribe (CEPAL), 2015.

Gómez – Sabaini, Juan Carlos, "Cohesión Social, Equidad y Tributación: Análisis y Perspectivas para América Latina", CEPAL, Serie Políticas Sociales, Santiago de Chile, 2006.

Goñi, E. , L. Servín y J. H. López, "Fiscal Redistribution and Income Inequality in Latin America", World Bank Policy Research, *Working Papers Series*, No. 4487 2, Washington, D. C. , 2008.

Gragnolati, M. y otros: *Los Años no Vienen Solos. Oportunidades y Desafíos Económicos de la Transición Demográfica en Argentina*, Buenos Aires, Banco Mundial, 2014.

Grandes, M. , and H. Reison, "Regimenes Cambiarios y Desempebo Macroeconomico en Argentina, Brazil y Mexico", Revista CEPAL, No. 86, 2005.

GTZ, CEPAL, "Manual de la Micro, Pequeña y Mediana Empresa", San Salvador, 2009.

Guzmán, V. y S. Montaño, "Políticas Públicas e Institucionalidad de género en América Latina (1985 – 2010) ", *Serie Mujer y Desarrollo*, No. 118 (LC/L. 3531) , Santiago, Comisión Económica Para América Latina y el Caribe (CEPAL) , 2012.

Hanni, M. , R. Martner y A. Podestá, " El Potencial Redistributivo de la Fiscalidad en América Latina", Revista de la CEPAL, No. 116 (LC/ G. 2643 – P) , Santiago, Comisión Económica Para América Latina y el Caribe (CEPAL) , Agosto, 2015.

Hemming, Richard y Teresa Ter – Minassian, "Mejorar las Condiciones para la Inversión Pública, Finanzas y Desarrollo", Washington, D. C. , Fondo Monetario Internacional (FMI) , 2004.

Hernández, Domingo, "Las Instituciones y la Cultura en la Capacidad Recaudatoria del Sistema Tributario Mexicano", Tesis de Maestría, Facultad de Economía, UNAM, México.

Ibarra, David, " La Oposición de la élite a Tributar", *Revista Nexos*, No. 357, México, septiembre, 2007.

ITESM (Instituto Tecnológico y de Estudios Superiores de Monterrey) , "Evasión Global de Impuestos", México, Octubre, 2009.

Jiménez, J. P. (ed.) , Desigualdad, Concentración del Ingreso y Tributación Sobre las Altas Rentas en América Latina, Libros de la CEPAL, No. 134 (LC/G. 2638 – P) , Santiago, Comisión Económica para América Latina y el Caribe (CEPAL) , 2015.

Jiménez, J. P. y A. Podestá, "Nversión, Incentivos Fiscales y Gastos Tributarios en América Latina", Serie Macoeconomía del Desarrollo, No. 77 (LC/L. 3004 – P) , Santiago, Comisión Económica para América Latina y el Caribe (CEPAL) , 2009.

Jiménez, J. P. y T. Ter – Minassian, "Política Fiscal y Ciclo en América Latina：El rol de los Gobiernos Subnacionales", Serie Macroeconomía del Desarrollo, No. 173（LC/L. 4192）, Santiago, Comisión Económica Para América Latina y el Caribe（CEPAL）, 2016.

José Luis Calva, "Reforma Fiscal Integral", México, Consejo Nacional de Universitarios, 2012.

Josué Fernando Cortés Espada, "Política Fiscal óptima en una Economía Pequeña y Abierta y la Estructura de los Mercados Financieros Internacionales", Working Papaers, Banco de México, 2007. 7.

Juan Carlos Patiño, José Luis Martínez Marca, Jesús Castillo Rendén, "Reforma Fisacal y Su Impacto en las Finanzas Estatles y Municipales en el Estado de México", México, UNAM y Miguiel Ángel de Porrúa, 2011.

Krugman, P. , *De vuelta a la Economía de la Gran Depresión y la Crisis del 2008*, Bogotá, Norma, 2009.

Lerda, Juan Carlos, "El Pacto Fiscal Visto a Sus Diez Años, Las Finanzas Públicas y el Pacto Fiscal en América Latina", Serie Seminarios y Conferencias, No. 54, Ricardo Martner（comp. ）, Santiago de Chile（CEPAL）, 2009.

López Noriega, Saúl, "Manual para（no）Pagar Impuestos", *Revista Nexos*, No. 430, México, 2013.

López, M. , S. Duque y B. Gómez, "Alcances de la Política Fiscal Contracíclica：El Caso Reciente de América Latina", *Revista Perfil de Coyuntura Económica*, No. 14, Medellín, Universidad de Antioquía, 2009.

Lorenzo, F. , "La Economía Política de la Reforma Fiscal Ambiental en América Latina", *Documentos de Proyecto*（LC/W. 687）, Santiago, Comisión Económica para América Latina y el Caribe（CEPAL）, 2015.

Martner, Ricardo y Eduardo Aldunate, "Política Fiscal y Protección Social", CEPAL, Serie Gestión Pública, Santiago de Chile, 2006.

Mauro Rodríguez García, "Aspectos de la Política Fiscal en México", México, UNAM, 2014. 10.

Núñez, G. ,"Un Análisis Estructural y de Equilibrio General de la Economía Mexicana", Universidad Autónoma de Barcelona, 2003.

OECD, "Perspectivas Económicas de América Latina 2012: Transformación del Estado para el Desarrollo", 2011.

Ordaz, Juan Luis, "México: Impacto de la Educación en la Pobreza Rural", CEPAL, Serie Estudios y Perspectivas, México, D. F. , 2009.

Pérez Acha, L. , "Jornadas para Entender la Reforma Hacendaria", Instituto de Investigaciones Jurídicas, Coordinación de Humanidades, UNAM, México, 2014.

Ricardo Martner, Andrea Podestá, Ivonne González, "Políticas Fiscales Para el Crecimiento y la Igualdad", CEPAL, Serie Macroeconomía del Desarrollo, No. 138, Santiago de Chile, 2013.

"Política Fiscal Contracíclica en México Durante la Crisis Reciente: Un análisis Preliminar", MP Quintana, Análisis Coyuntural de la Política fiscal en México 1993 - 2004, *Economía Unam*, 2014, 2 (32) .

Rodolfo Minzer, Arturo Pérez, Valentín Solís, "Análisis de Algunas Medidas Fiscales en México y Sus Implicaciones Bajo un Enfoque de Equilibrio General Computable", CEPAL, Serie Estudios y Perspectivas - México - No. 152, marzo de 2014.

Sobarzo, H. , "Reforma Fiscal en México: Un Modelo de Equilibrio General", Centro de Estudios de las Finanzas Públicas, 2009.

Stein, E. y M. Tomassi, "La Política de las Políticas Públicas, Revista Política y Gobierno", Vol. 13, No. 2, México, D. F. , 2006.

Tello C. y D. Hernández, "Sobre la Reforma Tributaria en México", *Economía UNAM*, Vol. 7, No. 21, 2010.

后　记

　　本书的主要内容是考察一国财政政策的选择及其宏观效应。虽然归属于世界经济学科，但在区域国别研究中，由于新兴市场国家相较于西方发达国家历史背景不同，发展水平也有差别，其财政政策运用的困难要大得多，关于新兴市场国家的财政政策理论也还在探索和建立之中。本书尝试以墨西哥1994—2014年这一时段的政策实践为案例，在既有研究基础上从中长期视角出发观察其财政政策在总体经济改革进程中的演进特点、效果和困难所在。本书完成于2017年，此后墨西哥左翼候选人于2018年7月赢得大选并宣布墨西哥将进行历史上"第四次转型"。本书未将最新情况加入书中主要由于：第一，尽管国家复兴运动党对前任涅托政府的能源改革等政策持批评态度，但墨西哥实施已久的结构性改革措施短时期内还难以推翻，政策效果也有待进一步观察。第二，近年来除技术因素之外，政治和社会共识的匮乏越发凸显成为制约墨西哥财政治理乃至民主治理的长期潜在因素之一。这些都可以作为本书的后续课题，继续对以墨西哥为代表的新兴经济国家在当前及未来一个时期的财政选择和治理进行跟踪研究。

　　完成本书时距离我初次接触拉美研究专业已五年有余，期间有快乐和收获，也不乏艰辛和留下了不少遗憾。收获的是又一个学科领域中开阔的思维方式、严谨的求证方法和可敬的师长和可爱的同学，是对拉丁美洲这一片丰富多彩土地更深的文化情结。艰辛的则是在从语言学科向社会科学跨专业学习的基础阶段所要面临的不仅有新知识体系的"补课"，有对不同学科融合的反复体悟，还有转换多年语言学科背景的思维方式、掌握不同研究方法的巨大挑战。而遗憾的则是没有更合理地规划理论和方法的学习，从而使研究的视野和深度受到很多限制，与自身的期望还有很多距离。在学业的困顿期曾经有过迷茫和苦恼，每每与繁忙的工作生活交织而备感压力时，是身旁前辈、老师和同学浓厚的研究氛围给予我宁静与指引，使我得以继续前行，最终锁定兴趣和选题方向，在导师的关心、信任和鼓励下一步步尝试问题探讨和完成写作。

首先，我要特别感谢我的导师宋晓平研究员，老师谦和、宽容、亲切的指导风格使我始终能够在学习的过程中保持初心、自由探索；在学业进展中，老师及时周到的点拨、建议与鼓励更是帮助我厘清方向、战胜困难最有效的助推力。此外，老师还利用国际会议等条件，关照我在墨西哥自治大学经济系进修的相关事宜，创造更好的学习环境和学习条件，更是对我在墨西哥城生活期间的治安安全再三叮咛。对于这一切我将铭记于心，在今后的工作中我会继续努力加强专业基础和研究实践，不辜负老师的期望。

其次，我要衷心感谢拉丁美洲研究所各位老师的指导和帮助。感谢柴瑜老师和吴国平老师不辞劳苦地组织课程教学，开办学习方法研讨；感谢徐世澄老师、吴白乙老师、贺双荣老师、张凡老师、林华老师、杨志敏老师、岳云霞老师、张勇老师、方旭飞老师在每一堂课中搭建知识的阶梯；感谢柴瑜老师、张凡老师、杨建民老师和岳云霞老师对论文的重要点拨；感谢刘维广、黄念老师和刘亚楠教学秘书的无私帮助。此外，我还要诚挚感谢同学王飞、吴缙嘉的同窗之谊，课外与他们的分享、交流及他们为我提供的种种帮助使我收获了珍贵的灵感和难忘的团结进取精神。

衷心感谢中国社会科学出版社刘晓红编辑，她在本书内容的校对和编辑中可谓不厌其烦，做了大量细致的工作，付出了极大的辛劳。最后，我要特别感谢我的家人，感谢他们多年始终如一的支持给予了我最温暖的精神港湾，最自由的成长进步。未来，我愿意心怀感恩，心怀对西班牙语语言文化和拉美研究的热忱，同时正视理论、方法等方面仍存在的诸多不足，继续前行。

朱晓金

2019 年 1 月于北京